拨开迷雾看曹操

匡继先 著

辽宁人民出版社

图书在版编目（CIP）数据

拨开迷雾看曹操 / 匡继先著 . — 沈阳：辽宁人民
出版社，2024.2
ISBN 978-7-205-10995-0

Ⅰ . ①拨… Ⅱ . ①匡… Ⅲ . ①曹操（155—220）—传
记 Ⅳ . ① K827=342

中国国家版本馆 CIP 数据核字（2023）第 251547 号

出版发行：辽宁人民出版社
　　　　　地址：沈阳市和平区十一纬路 25 号　邮编：110003
　　　　　电话：024-23284325（邮　购）024-23284300（发行部）
　　　　　http://www.lnpph.com.cn
印　　　刷：河北朗祥印刷有限公司
幅面尺寸：145mm×210mm
印　　张：6.75
字　　数：130 千字
出版时间：2024 年 2 月第 1 版
印刷时间：2024 年 2 月第 1 次印刷
责任编辑：娄　瓴
助理编辑：辉俱含
封面设计：琥珀视觉
版式设计：一诺设计
责任校对：李嘉佳
书　　号：ISBN 978-7-205-10995-0
定　　价：39.80 元

前　言

　　曹操在我国是妇孺皆知的重要历史人物，对他的一生有很多的记载和传说，有历史书籍的记载，有长篇历史小说《三国演义》中的故事，有艺人评书的口头说唱，更有京剧、话剧和影视的上演，由于对曹操有这些不同的记载和传说，因此曹操的形象也就千差万别了。在这些曹操的形象中，历史书籍中的记载更接近真实的曹操。

　　曹操生在东汉末年，官至丞相，又为魏王，并享有同皇帝相等的某些特殊待遇，离做皇帝只差一小步，但他不做皇帝。他在三国鼎立的局面中叱咤风云，大显身手，以其杰出的军事才能消灭了各地割据的军阀势力，形成北方统一之大局。他挟天子以令诸侯，把朝廷的大权牢牢地掌握在自己手里，实施他的政治抱负。但千百年来，对他的功业和人品，评论之多，褒贬之最，分歧之大，史所罕见，因而曹操也就自然地成为令人特别看重的特殊人物，也是令人感兴趣、十分有魅力的人物。

　　人们经常在京剧里看到曹操，比如《捉放曹》《逍遥津》《击鼓骂曹》《战宛城》等剧目，但这些戏里的曹操都是一副大白脸，

细柳叶眉，眉心多纹，显示奸诈而狡猾，是一个十足的反面人物。在旧京剧中，有关曹操的戏不算少，但是，"凡是曹操的好处，一律不编成戏"。（胡适语）新中国成立后，新编电影京剧《群英会》是根据《三国演义》改编的，曹操自然是一副奸诈的大白脸。新创作的京剧《曹操与杨修》里，曹操虽然仍是一副大白脸，但剧中曹操的形象，有高大的一面也有卑鄙的一面。新编京剧《赤壁之战》，编剧者有意在曹操的脸谱上有所突破，在大白脸中透出淡淡的一点红，但其脸谱的基础仍是大白脸。其剧情对曹操形象的塑造虽有些新意，但是，因是参考《三国演义》改编的，因此对曹操形象的塑造突破不大。总之，好像京剧里的曹操必须是奸诈的大白脸，不是大白脸，就不是曹操，可见曹操在京剧里的脸谱已经定型了。京剧里的曹操，虽然有的也有历史的基础，但是经过编剧对人物的重新塑造，曹操已经艺术化了，与真实的曹操有相当大的距离。鲁迅曾明白地说："……戏台上那一位花面的奸臣，但这不是观察曹操的真正方法。"

也有很多人是从阅读《三国演义》一书认识曹操的，这本书里的曹操，干了很多事，有成功的，有失败的；有好事，也有坏事。但作者罗贯中笔下给曹操画的脸谱，机智而胆大，奸猾而狡诈，特别夸大了奸诈的一面，因此曹操也就成为奸诈、多疑、任性的反面人物的典型。《三国演义》一书，正如清代学者章学诚在《丙辰札记》中说的："《三国演义》则七分实事，三分虚构，以致观者往往为所惑乱。"有的史学家甚至认为《三国演义》最多只有五分真，那么余下的五分全是假的了。文学艺术作品的感染力往往超过史学著作，特别是《三国演义》这一文学作品具有很大的魅力，对曹操许多精彩的负面虚构，在群众中的影响很大，因此很多群众对曹操的看法也就认为他不是好人。

西晋史学家陈寿著的《三国志》是一部历史文献，其中的《武帝纪》写曹操一生，对曹操的评述比较真实、客观，是研究曹操的基本史书。但《三国志》一书文字非常简略。以后，史学家裴松之杂采当时或以后的史籍，详尽地为《三国志》作注，做了很多补充。但此书除史学家阅读、研究外，其他人看这本书的比较少，其在大众中的影响远不及《三国演义》，因此有人甚至把《三国演义》中的曹操当作历史上真实的曹操看了，曹操的形象因此在很多人的心目中定型了。

由南朝宋人范晔撰写的《后汉书》，虽然没有曹操的传记，但记载了曹操的许多事迹，也是研究曹操的重要典籍。

史学巨著《资治通鉴》更是研究曹操的必读典籍。受时代所限，这本书不可能抬高曹操，其中选用曹操的个别史料，也未必客观。但编撰者司马光是一位正直又令人敬仰的史学大家，他对曹操的评价是有分寸的，既看重他的才智，又赞赏他举贤任能，还称赞他有大功于天下，但斥其人品暴戾和强横。

到近代，鲁迅对曹操的看法令人眼睛一亮，颇有卓见，认为曹操是一位英雄。他在《魏晋风度及文章与药及酒之关系》一文中说："曹操是一个很有本事的人，至少是一个英雄，我虽不是曹操一党，但无论如何，总是非常佩服他。"鲁迅是一位享有盛誉的文学大家，也是一位很有见地的评论家，他对曹操的看法是

十分正面的。

著名史学家吕思勉先生在《三国史话》中说："我现在，要替一位绝代的英雄辩诬了，这个英雄是谁？便是魏武帝。"曹操死后，其子曹丕即皇帝位，尊曹操为魏武帝。吕思勉先生把曹操称为绝代英雄，比鲁迅先生称曹操是英雄，更上一个台阶。

时至1959年1月，郭沫若发表了《蔡文姬的〈胡笳十八拍〉》《替曹操翻案》两篇文章，对曹操的一生事业给予很高的评价。他写的话剧《蔡文姬》，创造性地塑造了曹操的英武形象。随之，著名史学家翦伯赞也发表了《应该替曹操恢复名誉》一文，从而引起全国史学界、文学界、戏剧界关于曹操一生事业的功过、是非等重要问题的大讨论，但众说纷纭，这次大讨论也难于对曹操有一致的看法。

因此，曹操究竟是一个什么样的人物，是英雄，还是奸雄？或者既有英雄一面，也有奸诈一面；或者好的一面大于坏的一面，或是其反。总之，曹操是一个很难精确分析的复杂人物。不过随着时代的变化和进步，历史科学的发展，人们的历史观念也逐步走向深入和科学化，当代的多数史学家、文学家还有军事家，经过对曹操一生的精心研究，都承认曹操是一位杰出的政治家、军事家和文学家，即使他有许多的错误和严重问题，但应当看其主流，看其在当代社会中所起的主要作用。

目录

生逢乱世宦官家

一个人的性格和所作所为离不开他生长的家庭环境和生活的社会时代。

曹操于东汉后期桓帝永寿元年（155）出生，名操，字孟德，小字阿瞒，又名吉利，沛国谯县（今安徽亳州市）人。《三国志》对他的家世记载得很简单，说他是西汉宰相曹参的后代，有的专家认为不可靠。比较明确的是，他的曾祖父曹节，此人仁厚老实，大概没有做过什么官。曹节的儿子曹腾，是一位很有名气的宦官，桓帝时升为中常侍，又高升为费亭侯，任大秋长，大秋长是最大的宦官，不但权力大，俸秩也高。曹腾既然是宦官，不可能有亲生的儿子，于是收下一个养子叫曹嵩，曹嵩亲生父母是谁，已无法考察，是一个谜。曹嵩生子曹操，曹嵩是曹操的父

亲。曹嵩大概也没有什么本事，花大价钱买个太尉，太尉的官职不小，是东汉中央的高级官吏之一，东汉以太尉、司徒、司空为三公。说明曹操从小生活在一个大宦官的家庭里。这样的家庭，虽然官大钱多，但在当时重视门第的社会风气里，宦官的名声当然不好，因此曹操又自傲又自卑。平时因家庭官大又富裕，生性放荡不羁；又因是宦官家庭出身，宦官那种机警而多疑、经常玩弄一些权术又心狠手辣的这种常有的劣性品质，不能说对曹操的性格没有影响。

但曹操却没有宦官那种对主子点头哈腰、低眉顺眼、百依百顺的奴性品格。他横空出世，独来独往，反对任何束缚，肆意妄为，机智奸诈，胆大泼辣。曹操这种性格和品质，在曹操的少年时就有明显的表现。

曹操生活在宦官家庭里，没受到很好的家庭教育，他在《善哉行》的诗中说："既无三徙教，不闻过庭语。"所谓的"三徙教"即孟子的母亲为孟子选择一个好的学习环境而三迁其家。所谓"过庭语"即孔子在庭院中叫住儿子孔鲤，教他学诗学礼。曹操虽然没有在少年时受到孔孟式的儒家教育，是个损失，但从另一方面看，也是好事，使他的性格更加开放，不受儒学礼教的束缚。

曹操生活的时代是乱世，是最黑暗、最混乱的时代。当时的桓帝和灵帝是两个软弱无能的皇帝，控制不住混乱的朝廷，朝廷里的宦官和外戚互相争斗，弄得乌烟瘴气，交替擅权，政治极为腐败。更为严重的是，各地广大农民破产流亡，农民起义此起彼伏，整个东汉王朝处在危难之中，政局十分不稳定，是个乱世。

乱世出英雄，这时的曹操还算不上什么英雄，但已在这乱世中开始摸爬滚打，想做一个不同寻常的人。

少年的诡诈与机灵

　　曹操正当少年，也是火力渐趋旺盛的时候，史书说他"少机警，有权数，而任侠放荡，不治行业"。这几句话如果用大白话表示，也就是说他在少年时，头脑很机灵敏捷，反应快，鬼点子多，而且诡计多端善于玩弄权术，平时的行为任意放荡，无拘无束，什么专长也没有，整天游手好闲。《三国志·魏书·武帝纪》注引《曹瞒传》也说，曹操少年时，"好飞鹰走狗，游荡无度"。

　　对曹操这种浪荡无度又喜欢玩飞鹰走狗的痞子行为，首先看不惯的是曹操的叔父，这位叔叔出于对曹操的关爱，出于对家教的关心，曾几次向曹操的父亲曹嵩谈到曹操的放荡问题，希望他严加管教，以免走邪路，误入歧途。

　　曹操知道他的叔父向老爸说了自己好多坏话以后，心中十分不快，于是鬼点子就出来了。一天，曹操在路上远远看见叔叔走过来，他就装成口歪眼斜、语言不清的样子，好像得了中风病。曹操的叔父看见他，急忙把这一情况告诉了曹嵩。他的父亲三步并作两步心急火燎地找到了曹操，曹操这时已把自己调整到一个正常人的状态，口也不歪，眼也不斜，说话也很清楚。曹嵩看到他，非常奇怪："你的叔父不是说你得中风了吗？"曹操不慌不忙地回答说："我根本没有得中风病，是因为叔父不喜欢我，才在父亲面前说我的坏话。"曹嵩听信儿子的说法，反而觉得曹操的叔叔是胡说八道，从此曹操的叔父再说曹操的不是，曹操的父亲曹嵩也不相信了。有了这样的宽松家庭环境，曹操从此胆子也就越来越大，更加胡作非为了。

这出曹操自编自导自演的小戏，不但演得很逼真，而且很有实效，不但骗过了他的叔父和爸爸，而且自得其乐。这说明曹操在少年时，就会玩权术。

曹操平时结交一些权贵子弟，像袁绍、张邈之流就是他的好朋友，他们经常在一起胡闹，乱折腾，以此为乐，以此为得意。有一天，他们听说有一家要结婚，曹操和袁绍的调皮神经马上兴奋起来，他俩决定去这家看热闹，但觉得看热闹不够刺激，于是便异想天开地要偷人家的新娘子。他俩偷偷地溜进这家的园子里，躲在暗处，等到天黑时，突然大喊："有贼！"这时这户人家全家大小和参加婚礼的人都从屋里跑出来捉贼，曹操趁乱钻进

洞房，用威胁手段把一个打扮得红装艳丽的新娘偷偷地劫走了。从洞房里跑出来后，与贼友袁绍会合，两人在慌乱中迷了路，袁绍一头钻进了带刺的灌木丛中，用力左右挣扎，也走不出来，曹操怕袁绍被人捉住，于是灵机一动，大喊一声："贼就在这里！"袁绍一惊，奋力争脱，便出来了，两人很快逃离了现场。

　　曹操演的这出戏，记载在两本书里，一本是南朝人刘义庆编的《世说新语·假谲》，一本是宋人李昉编的《太平广记》。这出戏比上次演的那出家庭戏，场面大，热闹多了。他大喊捉贼，其实曹操和袁绍就是贼，这两个贼，既不偷钱，也不偷细软衣物，专偷大活人新娘子，真是奇思妙想，既出轨，又出格，演了一出令人啼笑皆非的恶作剧。他们两个可谓贼胆包天，既不怕被人捉住，扭送公堂，坐牢房，更没有天理良心，洞房之夜偷走人家的新娘子，令新郎痛恨悲愤，苦不堪言——这种耍弄也太过火了。曹操就是这样胆大妄为。在贼友袁绍不能脱身时，他一声喊叫，把袁绍救出来，说明他在惊慌中，有很强的应变能力，有遇事不惊不慌的过人本事。

　　少年曹操就是这样敢于玩弄这个乱世，敢于冲破家庭对他的管教，敢于藐视世俗的束缚，他任意妄为、肆无忌惮，闹出一件件令人刮目相看的新鲜事来。在胡闹中，少年曹操已显露出他的不平凡，如果说他是一个有胆量、机智、有应变能力的人才苗子，也不算过分。

"能臣"和"奸雄"

在那个世道，一个调皮捣蛋、喜欢搞恶作剧的少年，由于不务正业，不听管教，即使有些灵气，有些鬼点子，有些奇招妙计，也不讨人喜欢，甚至不会有人把他放在眼里，鄙视他成不了大气候。但是有的人，独具慧眼，能从少年曹操的不寻常的气质中看出他的智慧，看出他的天才，将来必成大器，必立伟业。这两位就是很有名气的桥玄和何颙。

桥玄，字公祖，梁国（今河南商丘）人，在灵帝时，官至太尉，是一位严明而有才略的名臣。据说曹操曾慕名去看望桥玄，桥玄见到曹操非常惊异，对曹操说："天下将乱，非命世之才不能济也，能安之者，其在君乎！"桥玄一见曹操就对其评价非常高，认为他有安定天下之大才。曹操听了，又惊又喜，大出意

料。

何颙，南阳（今湖北枣阳）人，见到少年曹操，惊叹道："汉家将亡，安天下者，必此人也。"曹操听了，也非常高兴。

奇怪了，这两位有名望的老人桥玄与何颙为什么一眼看出将来的曹操在乱世中是一位有杰出才干、能安天下的英雄呢？桥玄甚至说，自己年老了，愿以妻子相托。这不是一般的嘱托，说明他对曹操的将来有相当高的信任和期望。

桥玄和何颙好像有特殊的识才功能，他们在曹操身上已察觉他具有不同一般少年的敢作敢为的气魄，有机敏过人的才智和无所畏惧的胆量。他虽然少年顽皮，不守常规，但绝非无能无智的等闲之辈，他将来必展宏图。这两位老人，对调皮捣蛋的曹操，有这样不同寻常的透视，是很了不起的。

桥玄既然一眼看好曹操，希望他早日出头成名，就建议他前去结交许劭。

许劭何许人也，桥玄这样看重他？据《后汉书》卷六十八《许劭传》记载，许劭字子将，汝南平舆（今河南平舆）人，是当时最有名的评论家，他常在每个月初一发表对当时人的品评，叫"月旦评"。无论是什么人，经许劭评论后，就名噪一时，身价百倍。

曹操接受桥玄的建议，以卑辞厚礼请求许劭对自己加以品论。而许劭有点看不准曹操这个人，不肯对他加以评论。曹操厚着脸皮，软磨硬泡，逼得许劭实在没办法，不得已才说了一句："子，治世之能臣，乱世之奸雄。"曹操听了，仰面大笑而去。

许劭对曹操这个品论，又是能臣，又是奸雄。究竟是奸雄，还是能臣？从当时的大局看，不是治世，而是乱世，许劭的评论，好像偏重于曹操是乱世的奸雄。但曹操对此品论非常重视，能臣也好，奸雄也好，总之是出人头地的，不是一般的人物，是能干一番大事业的人物。对这种好评，曹操喜出望外，大笑而去。

许劭对曹操这个评论，说明他已看出曹操是一个能干一番事业的人才。看准一个人，不是一件很容易的事，因此许劭对曹操的评论也就载入史册了。《资治通鉴》卷五十八中有此记载。从此以后，说曹操是"治世之能臣，乱世之奸雄"，也就传开了。

把"能臣"和"奸雄"都挂在曹操的头上，不但提高了曹操的胆气和雄豪之气，更提高了曹操当时的名气。

初仕立威斩豪强

史书说，曹操二十岁，举孝廉为郎，开始走入仕途。

所谓举孝廉，就是推举孝子、廉洁之士，出来做官。

所谓郎，即是郎官。一般情况是被举为孝廉之士，首先要做郎官，郎官就是皇帝身边的侍卫。

干郎官到一定阶段后，曹操被任命为洛阳北部尉。尉，这个官是管治安的。汉代官制，县令以下，有县丞、县尉。县丞管民事，县尉管治安。曹操工作地点在洛阳，洛阳是东汉的京城，范围比较大，因此洛阳有四尉，分东部、西部、南部、北部。曹操的官是洛阳北部尉，负责洛阳北部的治安。这个官其实很小，是县一级的小官，等于京城地区一个副县级的公安局长，权力不大，但他所担负的责任却很大。因为洛阳是当时的都城，在皇城脚下，城内人员的成分十分复杂，特别是官大、势强、豪富的官老爷很多，这些人不把王法放在眼里，经常惹是生非，谁也惹不起，大家都敬而远之。

面对这种难以对付的局面，曹操上任后，没有退缩，没有畏惧，出手不凡。他要在自己仕途第一站施展才能，一鸣惊人。按照《三国志·武帝纪》注引《曹瞒传》记载，曹操一到任，就把衙门整治一新，又制造五色大棒，在大门左右挂上十多根，声明有敢犯禁者，不避豪强，皆棒杀之。

从此这个衙门可就面目一新了，门上的五色大棒立下了不避豪强的威势，并发出犯禁者皆棒杀之的威言。

威势是立了，威言也发出了，是否敢对权贵和豪强下手，曹操面临新的考验。

几个月后，灵帝最宠爱的宦官蹇硕的叔叔，依仗这位有权有势的权贵侄子，根本不把曹操这个小官放在眼里，更不把曹操的衙门禁令放在心上，公然违反宵禁，在夜里大摇大摆地随意行动。

曹操可就不客气了，对这位藐视禁令、违反禁令的宦官蹇硕的叔叔，毫不犹豫地用五色大棒活活地打死。

曹操虽然是宦官家庭出身，可是对皇帝特别宠幸的大宦官蹇硕的叔叔，虽然是位高权重，但曹操也没有把他放在眼里，毫不手软棒之。这也说明曹操反对宦官集团的立场是非常坚定的。

曹操这一示威，马上惊动了京城，也惊动了朝野，更使宦官们大吃一惊，这还了得！

曹操这一示威，也使草根百姓对这位铁面无私的小官刮目相看——实在了不起。

曹操这一示威，起到了杀一儆百的强大作用，从此京城没有敢犯禁令者，治安情况大为好转，而曹操随之也就声名鹊起了。

曹操干的这件事，显示曹操有本事有能力维护好京城的治安，显示曹操不惧豪强、敢于惩治他们的无畏品格，也显示他能够说到做到、不失信于民的好作风。

但是曹操终究得罪了大宦官，这些皇帝的奴才，对他恨之入骨，岂肯饶过这个芝麻官，决定施以报复，把他赶出洛阳。可是他们又惧怕曹操的这种威势，不敢硬碰硬，于是他们想出一个以退为进、绵里藏针的鬼主意，他们假心假意地极力推荐曹操，说他是一个有本事、有前途的好官，应当提升他做更高的官，于是曹操便被调离了洛阳，出任顿丘（今河南清丰县）令，县令是一县之长，好像是升官了，实际是曹操被宦官赶出了京城。

首举义旗抗董卓

　　曹操出任顿丘令不久就被免官，回到了家乡。在清闲的日子里，他立志高远，苦读古书，丰富知识，开阔视野，使自己的思想境界、认知能力、辨别是非的眼力有一个新的起点。

　　有了这个基础，于光和三年（180），曹操被推举为能通古书的议郎，随时接受皇帝调遣。以后又做了其他的官，均有所建树，这里不必细说。

　　中平六年（189）四月，汉灵帝病逝，朝廷里以蹇硕为代表的宦官集团和以大将军何进为代表的外戚集团之间的矛盾突然尖锐起来。

　　灵帝死后的继位皇帝是刘辩，年十七岁，长得轻浮，毫无威仪，更谈不到有什么政治头脑。因为他还是一个孩子，尊何皇后

为皇太后，太后临朝，以外戚大将军何进为参录尚书事，掌管朝政。

在当时，外戚与宦官是一对难以调解的冤家，外戚何进当政后，担心蹇硕这些宦官图谋不轨，加害自己，于是狠下毒手，杀死了宦官头子蹇硕。之后，又想按照袁绍的建议，要把所有的宦官杀光诛尽。但何太后不同意这样做，认为"中官统领禁省，自古及今，汉家故事，不可废也"。因何太后这一阻挡，袁绍又进一步给何进出主意："多召四方猛将及诸豪杰，使并引兵向京城，以胁太后。"用外来武力威胁何太后，本来就是一个馊主意，但何进很欣赏。主簿陈琳不同意，认为这样做必引起祸乱，但何进不听。这时，任典军校尉的曹操面带微笑地说话了："宦者之官，古今宜有，但世主不当假之权宠，使至于此。既治其罪，当诛元恶，一狱吏足矣，何至纷纷召外兵乎！欲尽诛之，事必宣露，吾见其败也。"

曹操的这些话，包含四层意思：一、如何看待宦官，宦官是皇帝的奴才，服务于宫廷，古今帝王都是如此。曹操肯定了宦官的地位，认为不能赶尽杀绝。二、宦官的问题出在哪里？宦官所以飞扬跋扈，有很大权力，重要原因是皇帝宠坏了他们。三、如果宦官有罪，把他们的头头杀了就算了，何必召外兵来京，引起祸端。四、如果要尽诛宦官，必然举事外露，我看这是没有不失败的。

曹操的真知灼见既有历史的视野，又有独到的分析，还有准确的预见。特别是他不同意引外兵进京，认为会引起很大祸事，这是十分有远见的。

何进还是听不进去，一意孤行，于是召并州牧董卓带领将兵进入京师。

董卓何许人也？根据《后汉书·董卓列传》记载，董卓，陇西临洮（今甘肃岷县）人，此人膂力过人，善于左右驰射，性格"粗猛有谋"。别小看他性格中的四个字，"粗"，是说他粗暴而不粗笨；"猛"，说他凶猛而嗜杀成性；"有谋"，说明他是很有心计的人，好玩弄权术。在陇西他有点名望，做过凉州兵马掾，领兵巡守边塞。以后又做过并州刺史、河东太守。再以后又攀升到破虏将军、前将军。随着实力的增强和地位的提高，董卓的骄横之气也日益猛涨。中平六年（189），董卓被征为少府，他拒不到职。灵帝病危时，以董卓为并州牧，他拥兵自重，坐看朝中事态的发展。

何进召董卓进京，对董卓来说，是求之不得的大好事，是实现野心的大好机会，而对朝廷、京师来说，却是引狼入室。

在董卓尚未到达京城之时，宦官与外戚何进的激烈斗争已趋于白热化，何进进入长乐宫，向何太后请求尽诛宦官。但这一图谋被泄露，埋伏在宫门外的宦官手起刀落，把何进杀了。何进的部将袁绍为给何进报仇，带兵抓捕宦官，杀死宦官二千余人。这

次血淋淋的大屠杀，说明双方都是失败者——何进的失败是脑袋没了。曹操对何进的预见，多么准确！

在此之后，董卓进入京城洛阳，他首先耍弄一个小花招。据《三国志·董卓传》注引《九州春秋》记载，董卓刚进京时，只有步骑兵三千人，他担心兵力太少不为朝廷文武所畏服，于是就玩了一个骗人的花招，每隔四五天，他就把这三千士兵在夜里偷偷地拉出城，明天早晨，原班人马又举着旌旗、明目张胆地返回京师。这样给京师人一个虚假的印象，认为董卓又有好多骑兵来到京城，放出的烟幕弹就是董卓兵多将广，很自然地让人对董卓产生恐惧感，从此以后，他就可以独霸独尊，任何人不敢反对他。

董卓进入洛阳后，为实现他的政治野心，他要废弃少年皇帝刘辩。首先反对的是袁绍，董卓就按剑斥责袁绍说："小子，你胆敢这样放肆，天下大事，都由我决定，我想干什么，谁敢不从，你以为董卓的剑不够锋利吗。"一副恶霸的嘴脸显露无遗。袁绍也怒气冲冲地对董卓说："难道天下事，都要听你董卓的吗？"于是愤恨地离去。

以后，董卓召集文武百官，废弃了少年皇帝刘辩，改立陈留王刘协为皇帝，是为汉献帝。在座的官员无不震惊。从此董卓控制了朝廷，汉献帝也就成为董卓手中的棋子了。

董卓被任命为相国，特准他在参拜皇帝时不唱名，上朝时不趋行（小步走），可以佩剑穿鞋上殿。其特殊和尊贵无人可比。

董卓闻知曹操有才智，为拉拢曹操为他效力，任命曹操为骁骑校尉。曹操凭自己的政治敏感和远见卓识，断定董卓的所作所为必定要失败，一定没有好下场。于是改变姓名，逃出董卓的魔掌，东归乡里。

在《三国演义》里，这时穿插一段"谋董贼孟德献刀"，写得异常惊险。说曹操为刺杀董卓，偷偷地佩带一把宝刀，来到相府。这时董卓正坐在床上，吕布侍立于侧。董卓曰："孟德何来迟？"曹操回答说："因马瘦弱，行走太慢。"董卓命令吕布选一匹好马送给曹操，吕布领命而去。曹操暗喜，"此贼活该死"。董卓身体胖大不耐久坐，就面向内侧倒身卧在床上。曹操暗想："老贼命休矣。"正在曹操抽出宝刀正要行刺之时，不想倒卧的董卓看见衣镜里的曹操在背后拔刀，急回身问曰："孟德何为？"此时的吕布已牵马至阁外，曹操惶遽，乃持刀跪下曰："操有宝刀一口，献上恩相。"董卓接过来看看，果然是一把锋利的宝刀。董卓将宝刀交给吕布收下。董卓便带着曹操出阁看马，曹操非常感谢，愿借试一骑。董卓把鞍辔交与曹操，曹操牵马出相府，加鞭往东南急速而去。在这时刻，吕布对董卓说："刚才曹操好像要行刺，因被看破，所以改口献刀。"董卓也说："我也有此疑虑。"经过一番察问，曹操果然逃窜，证明曹操一定是行刺。于是遍下文书，画影图形，捉拿曹操。但这惊险的一幕，正史并无

记载。以曹操的精明，此时他应该不会干这种险事。但在《后汉书·董卓列传》卷七十二中，确实记载有人在朝服中藏有佩刀欲刺董卓一事，但这个人不是曹操，而是越骑校尉伍孚。看起来，《三国演义》作者罗贯中把伍孚刺董卓一事转移到曹操身上了，而且写得活灵活现，十分逼真。

曹操在逃归家乡的路上，经过中牟县（今河南中牟），一个亭长怀疑曹操来历不明，把他押进县衙，这时县衙已收到董卓下令缉捕曹操的公文，但是还不知道被捉的人是曹操，只有一个功曹认出他是曹操，但这个功曹认为天下已经大乱，不应当拘捕英雄豪杰，因而向县令建议把曹操放走。

可见曹操在当时名声已遍及乡里。放走曹操的县令，正史未提及其姓名，但在《三国演义》和京剧《捉放曹》中说这个县令是陈宫。

曹操被放走后，没有回老家，到陈留（今河南开封境内）卖掉全部家产，招兵买马，聚众五千人，其中的重要将领有曹仁、曹洪、夏侯惇、夏侯渊等人，这时曹操首先举起义旗，为抗击董卓，开始建立起自己的武装，这五千武装也是曹操起家的本钱。

不久，天下的豪杰也纷纷起兵讨伐董卓，董卓已成众矢之的。为讨伐董贼，各路人马组成大联合，推举袁绍为盟主。

袁绍，字本初，汝南汝阳（今河南商水县）人，其家四世居三公高官，有很高的社会地位，有很大的权势。他本人的条件也比较好，姿貌有威容，人缘也不错，很多人愿意依附他。他因诛杀宦官出了名，也因反对董卓更是名声大振。因此，论社会地位、个人名气，袁绍也就成为名副其实的盟主。

其实，袁绍这个人缺乏政治头脑，董卓所以进京，还不是袁绍出的坏主意。曹操当时就反对引狼入室，说明曹操在当时就比袁绍高明、有远见。

当时，济北国相鲍信和曹操都驻军酸枣（今河南延津东南），虽然众推袁绍为盟主，但鲍信却对曹操说："现在谋略超群，能拨乱反正的人，就是你了。如果不是这种人才，尽管目前强大，最终也必失败。你大概是上天特意派来拯救这个乱世的。"看起来，在鲍信的眼睛里，曹操能成大事，比袁绍还重要，可见曹操的威望已令人刮目相看。但是，这时的盟主袁绍却任命曹操为行奋武将军，其官职中有个"行"字，是暂时代理的意思，说明袁绍这时并不看重曹操。

董卓虽然势大力强，但也心虚。他见群英一起反抗他，心神十分不安，打算把京城由洛阳迁到长安，躲避躲避，但大臣们都不愿意。董卓便独断地裹胁献帝，西迁长安。董卓像强盗一样，把洛阳城中富裕人家的财物掠夺一空，并横加罪名，处死很多人。他又强迫洛阳大量居民西迁长安，命令军队在后边驱赶，马踏人踩，积尸盈路，死者无数，惨绝人寰。并令部下放火，把洛阳的宫殿、官府及好多百姓住宅烧毁，董卓这种没有人性的残

暴，引起天人共愤。

曹操为此做《薤露》一诗，其中有"播越西迁移，号泣而且行"等诗句，抒发了他对董卓残暴行为的悲愤感情。

董卓虽逼迫献帝迁徙长安，但仍然以重兵镇守洛阳。但是，以袁绍为首的联军，害怕董卓军力强大，都畏首畏尾，不敢向董贼发起进攻。曹操看在眼里，深为不满，曹操说："我们兴义兵，诛暴乱，大军已集结反抗董卓，还有什么可以犹豫的。董卓一向凶残无道，必然成为我们的大患。如今他烧毁宫殿，强迫天子迁移，已引起全国震怒，这正是上天赐予我们灭亡董贼的大好机会，一战就可以平定天下。"

曹操这一番言论，气势磅礴。他不怕董卓的兵力和权威，他督促联军，趁董卓凶残无道、不得人心、全国震怒的时机，向他发起进攻，一战而平定天下。这既是曹操的胆识，也是曹操用兵的谋略。

但盟主袁绍没有曹操那样的精明头脑，更不熟悉用兵之道，对曹操的意见并不动心。于是曹操只得率军向西进发，准备攻占成皋（今河南荥阳西北汜水镇），当军队到荥阳汴水（今河南荥阳市西）时，与董卓部将徐荣的军队发生遭遇战，战斗十分激烈，曹军因寡不敌众，最后战败，曹操也被流箭射中，所骑的战马也受伤，情况非常危急，曹操的堂弟曹洪立即把自己的战马让给他，曹操不肯接受，曹洪说："天下可以没有曹洪，但不可没有你。"曹操这才骑上曹洪的战马，曹洪步行其后加以保护，趁着黑夜逃出险境。

董卓部将徐荣见曹操虽然兵少，但奋战一整天才败退，预感将来的仗很不好打。

曹操与董卓部队的这次遭遇战，因寡不敌众而失败，而且是一次非常惊险的失败。但从这次失败中也可以看到曹操的军队勇敢善战。曹操不怕这次遭遇战的失败，他坚信祸国殃民的董卓才是最后的失败者。因此这次失败并没有让他气馁，更激起他的奋斗精神，要继续与董卓斗下去。

曹操一路急奔回到酸枣，这时他见各路反抗董卓的义军十余万人，每天只是吃吃喝喝、戏闹作乐，毫无进取之心，毫无斗志。曹操对此更是气愤，不但责备了他们，还为他们出谋划策，他说："请袁绍率领河内诸军进逼孟津（今河南洛阳孟津区东北），驻扎在酸枣的各位将领则据守成皋，占领敖仓（今河南荥阳东北），封锁轘辕（今河南偃师东南）、太谷（今河南洛阳东南），控制洛阳的险要地区。请袁术率领的南阳军队进驻丹水（今河南淅川西）、析县（今河南西峡县），进入武关（今陕西商南西北），以威胁三辅地区。各部队要高筑营垒，多设疑兵，以显示天下大军蓄势待发的形势。以正义之师讨伐叛逆之敌，天下很快就可以平定。如果我们心怀疑虑，不敢大胆讨伐董卓，失去天下人的厚望，我实在为大家感到羞耻！"

其实，当时的各路联军各有各的打算，谁都不愿意打头阵，遭受伤亡，因此曹操的以上谋略，袁绍联军根本不接受。

这时的曹操深深感到，要讨伐董卓，依靠和指望联军是不行的，必须有自己的强大武装力量。他知道，现在自己手中的兵太少，因此便与夏侯惇等人到扬州去募兵，扬州刺史陈温和丹杨太守周昕给了曹操很大帮助，共招募新兵四千余人。但到了龙亢，招募的新兵，很多人反叛，在夜里放火烧毁了曹操的营帐。曹操手持宝剑杀死数十人，其余望风而逃，最后清点，没有叛逃的只有五百余人，可谓损失不小！曹操到了建平，又招募新兵千余人。曹操招募新兵，得后有失，失后又有所得，可谓反复周折，他就带着这些新兵进驻河内（今河南武陟西南）。

东汉献帝初平元年（190），抗击董卓联军的将领袁绍和韩馥认为，献帝年龄幼小，又被董卓控制，还远在长安，关塞相隔，不知是生是死，幽州牧刘虞是宗室中最贤明的，所以打算拥立他为皇帝。袁绍和韩馥希望曹操支持这一提议。但曹操认为废立皇帝乃国家之大事，不可轻举妄动，因而对他们说："董卓的罪恶已暴露于天下，我们联合大众，兴义兵，远近莫不响应，因为我们的行动是正义的。现今皇帝幼弱，又为奸臣控制，但没有犯下昌邑王刘贺那样可以导致亡国的过失，一旦你们改立别人为皇帝，天下谁能接受！你们拥立北边的刘虞吧，我仍然拥护在西边的献帝。"这就明显地表明了双方的政治分歧，曹操也不怕与这位盟主袁绍闹翻了。

据《三国志·魏书·武帝纪》记载，袁绍得到一个玉印，高兴得不得了，甚至有点忘形，举起玉印给曹操看，曹操笑而恶之。袁绍给曹操看玉印的目的，是让曹操意识到他将来就是掌握玉印的最高权威。精明的曹操由此便想到袁绍拥立刘虞为皇帝是别有用心的，因此笑而恶之，曹操这一笑，显然是冷笑，充满对袁绍的轻视和蔑视。所谓恶之，曹操认为袁绍已是一个非常讨厌的人，是一个有野心的人，很难再与他合作抗击董卓，曹操甚至产生要诛灭袁绍的意图。

但袁绍仍不甘心，又派人对曹操说："今袁公势盛兵强，二子已长大，天下群英，谁能超越他们。"曹操面对这种劝说，不但不响应，反而嗤之以鼻。

初平二年（191）二月，袁绍、韩馥不顾曹操的反对，一定要立刘虞为皇帝。刘虞此人，是一个懂事理、讲仁爱的明白人，他接到袁绍等人所上的尊号书，简直吓出了一身冷汗，对袁绍等严词驳斥："今天下大乱，主上受难，我们未能雪国耻。诸君应同心共力，报效国家。而你们反而出此逆谋，叫我当皇帝，真是误国的大错误。"刘虞政治头脑非常清楚，不愿当这个皇帝。

同年四月，董卓回长安，在朝中滥杀无辜，极为残忍。他在帐幔中一边饮酒一边引反叛者数百人入帐，割其舌，挖其眼，斩手足。与会的公卿吓得魂不附体，而董卓饮酒自若。董卓对所谓

的"为子不孝,为臣不忠,为吏不清,为弟不顺者",一个不留,统统杀掉,财物全部没收官府,其手段极其残酷。

在董卓大施淫威的残酷统治下,百姓处境极其痛苦,这本来是讨伐董卓的大好时机,而袁绍这位盟主却在忙着为自己的利益更换皇帝。而各路联军又忙着争地盘,不去讨伐董卓,曹操对此极为失望。

《三国志·魏书·武帝纪》记载,初平三年(192)四月:"司徒王允与吕布共杀卓。"只一句话,十个字,描述董卓被杀。但在《资治通鉴》第六十卷却有具体描述是如何杀董卓的。在这里不能大篇照搬,只能择其要简述之。董卓性残暴,随意杀人,人人自危,于是司徒王允等人密谋除掉董卓。吕布精于骑射,力气超人。吕布后来成为董卓随从侍卫,情同父子。但二人也有矛盾,特别是吕布与董卓的小妾私通,矛盾激化。王允与吕布交好,于是王允把除掉董卓的计划告诉吕布,让他做内应,吕布应允。献帝在未央殿大会百官,董卓乘车入朝,由吕布前后侍卫。并有卫士埋伏在北掖门等待董卓,董卓一进门,卫士举戟刺董卓,只伤其手臂。董卓大喊,吕布在哪里?吕布说:"奉朝廷诏令,讨伐贼臣!"手持铁矛将董卓刺死。

董卓一死,长安沸腾了,百姓唱歌跳舞,士兵高呼万岁,妇女买酒买肉,互相庆祝。并把董卓肥胖的尸体点了天灯,以泄民愤。

　　董卓一死，其部将李傕、郭汜杀死王允，追杀吕布，以后又折腾好一阵子，但已是强弩之末了，当然都没有好结果。

　　从讨伐董卓的过程可以看到，曹操对董卓的倒行逆施、横暴天下看在眼里，始终认为这个奸贼必定要失败，因此他不接受董卓的拉拢和利用，首先举起反对董卓的义旗，要与董贼抗争到底，这是他的胆识和意志。曹操起初与袁绍的联军合作反抗董卓，但联军的无作为又无谋略使他大失所望。曹操还发现联军的盟主袁绍是一个野心家，因此不愿再与他合作，要自己举起反抗董卓的旗帜。正在积蓄力量之时，董卓被吕布杀死，这是天怒人怨的结果。但这一过程说明，曹操始终是反抗董卓最坚定的力量，而董卓的灭亡则是必然的。

一次难以断定的杀人案

　　曹操认为倒行逆施的董卓必然要失败，不愿与他同流合污，拒绝他的任用，于是改名换姓，带着几个随从，逃出洛阳，东归乡里，经过虎牢关（今河南荥阳西北大任山），到达成皋时，去其父的故友吕伯奢家暂息。曹操忽然听到吕伯奢家中有刀器的响动，以为要加害自己，于是拔刀杀死吕伯奢全家八口人。

　　此事记载在《三国志·魏书》注引的三本书里。

　　第一本，王沈的《魏书》："太祖以卓终必覆败，遂不就拜，逃归乡里。从数骑过故人成皋吕伯奢；伯奢不在，其子与宾客共劫太祖，取马及物，太祖手刃击杀数人。"

　　第二本，刘义庆的《世说新语》："太祖过伯奢，伯奢出行，五子皆在，备宾主礼。太祖自以为背卓命，疑其图己，手剑夜杀八人而去。"

第三本，孙盛的《异同杂记》："太祖闻其食器声，以为图己，遂夜杀之。既而悽怆曰：'宁我负人，毋人负我！'遂行。"

这三本书的记载有一个共同点，就是曹操在吕伯奢家中杀了人。一书说杀了八个人，其他两本书没有具体数字。

为什么要杀人？

第一本书说法是，因为吕伯奢不在，其子与宾客盗窃曹操的马和财物，曹操出于自卫，杀了人。这种情况不是绝对没有，但从曹操当时的背景分析，这种情况可能性很小。

第二本书和第三本书说法是，因为曹操怀疑吕家图谋杀害自己而动手杀人。曹操到吕家的背景是，因曹操不接受奸贼董卓的拉拢和任命，于是改名换姓，逃出京城，在极为严峻的政治形势下，在随时有被捕的紧急情况下，在惊慌失措的心理压力下，到其父的好友吕伯奢家，在吕家听到任何有嫌疑的声音，都会引起曹操的敏感神经，起了疑心，以谲诈之心怀疑别人要谋害自己，因而不理智地动手杀了人。这种可能性比较大。但是，就算是这一种原因，曹操杀了无辜的、也是其父好友的吕伯奢一家也是罪恶的。

第三本还记载，曹操杀了吕家八口之后，可能发现是误杀，于是带着阴冷的心情，说了一句："宁我负人，毋人负我！"这句话倒是反映了曹操杀吕伯奢一家的真实思想，说白了就是，宁

肯我对不起别人，不能别人对不起我。

清代大批评家毛宗岗在评《三国演义》时，认为曹操敢于说出"宁我负人，毋人负我"的话，此犹孟德过人之处也，犹不失为心口如一之小人。因为，世上很多人都装作正人君子，他们口是心非，反不如曹操心口如一来得直接痛快。毛宗岗对曹操这句话的评论，反而证明曹操不是一个伪君子，而是心口如一的真小人。

曹操亲手制造的这桩血案，反映曹操性格的两个负面，一是猜疑心太重，二是利己心太强，这两个负面性格，左右曹操的一生。

京剧《捉放曹》演的就是这件事，说曹操在中牟县被捉，县令陈宫把曹操放了，二人一起逃走。途中到吕伯奢家，受到热情款待，曹操起了疑心杀了吕伯奢全家。这出戏给曹操涂上奸诈的大白脸，也是罪有应得。

但在《三国演义》里，将曹操说的"宁我负人，毋人负我"这句话，经过文学加工、渲染，可就拔高了，扩大为"宁教我负天下人，休教天下人负我"。这样曹操可就成为天下人共同讨伐的奸贼了，这种扩大，显然是为了使曹操的形象更恶劣。

在《资治通鉴》中，有记载曹操经过中牟县时被捕，县令放走曹操的事，但没有记载曹操杀吕伯奢一家八口的事。司马光一向选材用史很严格、谨慎，不记此事，肯定是有原因的。

在当今的史学家中，对此事也有不同的看法。有的史学家认为此事不可信，因为陈琳在建安五年替袁绍作的讨曹操的檄文中，举很多事例骂曹操，果真有杀故人吕伯奢一家的事，则应当放进去，既然没提，那它的可靠性就值得怀疑了。

有的史学家认为，此事并不是出于虚构，在三种材料中，从情理上看来，《魏书》是比较可信，也就是曹操出于自卫而杀了人。并认为"宁我负人，毋人负我"不是曹操的话。

有的史学家认为，考虑到《三国志》注引的《魏书》是王沈在曹魏齐王芳时所撰著的，本朝人记本朝事，多有时讳，因此很难说《魏书》就是可信。最妥当的办法就是存疑。至于"宁我负人，毋人负我"一语，那当然是后人渲染之辞。

也有的史学家认为，曹操因疑心吕伯奢家而将其家人杀掉，或吕伯奢的儿子想要打劫曹操而被曹操所杀，都属情理所可有。但这件事的真相未知如何。

看起来，史学家们对三种材料的看法分歧较大，目前并无其他实证，此事只得存疑了。但曹操自言自语说的"宁我负人，毋人负我"一语，当今史学家一致认为，这显然是后人加的，不可信。

破降黄巾三十万

在东汉末年的腐朽统治下，民不聊生，百姓饥荒，农民纷纷起义。

黄巾军，是一支穷苦农民和流民起义的军队，起义的人都戴黄巾作标志，因之被称为黄巾军。张角三兄弟率先起兵，烧官府，杀官吏，使那些官老爷异常恐慌，纷纷逃走。而许多穷苦农民则纷纷起来响应，因此，队伍越来越大。他们的口号是："苍天已死，黄天当立。"其中的"苍天"，指的是汉朝，即汉朝已经死了。其中的"黄天"，是张角的自称，即张角起来了，代替汉朝。明白地昭示天下，要改朝换代。朝廷为此大为恐慌和震惊！

黄巾军活动地区几乎遍布大半个中国，大体分三个地区：一、冀州，由张角领导；二、豫州的南阳，由张曼成领导；三、颍川、汝南，分别由波才和彭脱领导。当时的曹操受灵帝任命为骑都尉，前去颍川，配合官军镇压黄巾军。在曹操等人猛烈的攻击下，这支黄巾军损失很大，宣告失败。因曹操首战成功，朝廷提升他为济南王国相，济南所属十余县，官吏多依附权贵，贪污腐败，被曹操奏免八人。曹操又禁止淫祀，因此，坏人逃窜，地方得以安定。

初平二年（191），另一支黑山起义军在于毒、白绕、眭固等人的领导下，发展极为迅速，已有十几万人，起义军向东郡（今河南濮阳南）等地进攻，打败了政府军。在官军极为不利的形势下，曹操出手了，曹操带领军队进入东郡，很快打败了白绕起义军。这一战的胜利，得到盟主袁绍的大加赞赏，上表请求任命曹操为东郡太守，于是曹操成为东郡太守。

初平三年（192）春，曹操领兵驻扎顿丘（今河南清丰西南），黑山起义军首领于毒乘机出兵进攻东武阳。曹操又出兵，但他不与起义军针锋相对，不往东直击东武阳，而引兵往西进入山里，攻击于毒的大本营。诸将都不理解曹操为什么这样决策，于是曹操对他们说："从前孙膑为了援救被魏国攻打的赵国，而不出兵到赵国，反而出兵先攻打魏国。从前的耿弇想要赶走驻守西安的张蓝，不去攻打西安，反而去攻打临淄。结果这两个人都取得战争的胜利。我现在先去打于毒的大本营，于毒得知后，必然带兵回救大本营，这样东武阳的危险也就解决了。如果于毒不

回救，我就摧毁他的大本营，于毒也不能把东武阳拿下来。"这就是围魏救赵的谋略，诸将这才明白了曹操用兵的神出鬼没，于是曹操领兵攻打于毒的大本营，于毒果然回救自己的老窝，东武阳也就自然解围了。紧接着曹操又乘胜用兵，攻击黑山军眭固部，也大获全胜。至此，黄河以南的黑山军基本被曹操消灭了，这是曹操在军事上的又一次胜利。

这一年的四月，青州黄巾军以百万之众攻进兖州，攻入任城（今山东济宁市南），杀死任城相郑遂，又向东平进军。任城和东平都属于兖州，兖州牧刘岱要发兵进击黄巾军，但济北相鲍信认为，现今的形势不如积蓄士兵之力，先为固守。对方想战也战不得，想攻又攻不下，其势必然涣散。之后，再选精锐，击其要害，一举而破之。但刘岱不听鲍信的劝告，领兵与黄巾军交战，结果被黄巾军打败，刘岱被杀。刘岱死后，兖州无主。此时，东郡人陈宫向曹操建议："兖州现在无主，王命不能贯彻，请让我到各郡国说明情况，由你接任兖州牧的职位。你如果有了兖州，也就有了取得天下的条件了，此乃霸王之业也。"曹操对陈宫的建议，当然求之不得，认为这是自己发展的大好机会。于是陈宫对兖州的官员说："现今天下分裂而兖州无主，而曹操有救世的才能，如果由他来担任兖州牧，必然安定民生。"曹操的好友鲍信也积极支持，于是鲍信与兖州官员一起到东郡，迎曹操到兖州，曹操从此做了兖州牧。汉时，全国有十三州，州的刺史，最初为中央派出的监督官员。东汉末年后，刺史改成州牧，已是地方上最高一级军政长官。

曹操做兖州牧以后，与鲍信联手，带领步骑兵千余人向寿张（今山东东平县西南）的黄巾军进攻，他们非常小心地摸索有利地形，最后摸到黄巾军营地，双方立即展开激战，但曹兵在战斗中十分不利，死者数百人，只得引兵后退。黄巾军非常强悍，越战越勇，乘胜追击。曹操的兵，因老兵少，新兵多，还不熟悉打仗，且对黄巾军有畏惧感，因此处境十分危急。就在这紧急情况下，曹操披上铠甲，跳上战马，大声激励将士，奋战杀敌者必赏，违令退缩者必罚。于是全军振奋，各个争先，彻底扭转了不利局势，拼命地追击黄巾军，黄巾军于是大败。

据《三国志》注引《魏书》记载，黄巾军这时给曹操一封信，信内大意是，现在汉朝的气数已尽，黄家当立，天下的大运不是你曹操的力量所能阻止的。曹操见到这封信，大骂黄巾军，令其赶快投降。

在这次与黄巾军的战争中，曹操的好友鲍信不幸战死，甚至连鲍信的尸体也没有找到，于是曹操令人木刻其原形，用以祭奠。曹操号啕大哭，痛心不已。

曹操带着丧失好友的悲愤，继续追击黄巾军，甚至昼夜不停，黄巾军实在抵抗不了，只得向济北（今山东长清南）撤退，曹操领兵一直追至济北，黄巾军再也招架不住了，只得宣布投

降。曹操接受投降的黄巾军共三十多万，同时也接收了跟随黄巾军的百姓一百多万。

这是曹操有生以来，首次取得这么大的胜利，既有了可以发展的根据地，又有了一支强大的武装队伍，有人说，曹操是靠消灭黄巾军起家的，这话有一定道理。但这一辉煌的胜利来之不易。说明曹操善于用兵，善于处理战争中的危机，善于激发士兵的士气，善于调动军队的战斗力，从而一鼓作气，赢得胜利。

曹操对投降的大批黄巾军的安置，很有战略思想，其方针是保其实力，充实自己。他在投降的黄巾军中挑选部分精锐，组成一支战斗力很强的队伍，号称"青州兵"。对跟随黄巾军的大批民众，安置他们参加屯田，从事农业生产，发展经济，既改善民生，又保证军需。这时的曹操还不能说他是一位军事家，因为此时他在战场上还只是初露锋芒，但他已具备军事家的头脑和素质。

曹操镇压了黄巾军，从汉朝天子的角度说是好事，但对于反对腐败的朝廷而起义的农民军来说，当然是坏事。曹操为了自己的发展，为了一统天下，与黄巾军的战争是必然的。但黄巾军与曹操的军事谋略和指挥相比，其失败也是必然的。曹操镇压黄巾军的行动理应受到历史的谴责，但任何封建统治者又不可能不镇压农民起义军，这也是中国历史的事实，曹操当然也不能例外。何况那时镇压黄巾军的还有刘备和孙家父子等人，因此不能单独责怪曹操。也不能因曹操镇压黄巾军而否定他的功绩，正如不能因岳飞也打过农民起义军钟相、杨幺，而否定岳飞的功绩。可见，在中国历史上，每次历史的前进，人民群众总是付出沉重的代价，做出不同程度的牺牲。

曹操与献帝的恩怨情仇

东汉末年，献帝刘协在董卓的拥立下于初平元年（190）即皇帝位，从此献帝便成为野心家董卓的工具。当年，董卓又把献帝从洛阳迁至长安，自己以太师自居，一下子把自己的地位抬到至尊至上的神圣高度。以后他严刑酷法、滥施淫威，干尽坏事，引起天怒人怨。甚至献帝的性命，也朝不保夕。最后董卓被吕布杀死，献帝脱离了虎口。

董卓死后，其部将李傕、郭汜带兵十余万，进入长安，战吕布，杀王允，献帝又落入李傕等人手中，可怜的献帝刚脱离了虎口，又进了狼窝。以后这两只狼又开始窝里斗，使献帝的生活更加困难，整日忧心如焚，很想东归洛阳。

初平三年（192），曹操做兖州牧，任命毛玠为治中从事，有一次毛玠对曹操说:"现在天下分崩离析,异常荒乱,皇帝被迫西迁长安,百姓也无法种地,饥民到处流浪,这样的局面很难长久维持下去。袁绍、刘表虽然拥有很多人口,看起来很强大,但没有长远打算,更没有树立根本、打好基础的考虑。战争需要正义的军队,巩固政权需要财力的支持。应当奉天子以令不臣,整修耕作,积蓄军队物资,只有这样,霸王之业才能取得成功。"

毛玠对曹操这一建议,其中最重要的就是奉天子以令不臣,也就是尊奉天子,以天子的名义征伐与朝廷对立的势力;使天下趋于统一和安定,使百姓安心生产,发展经济,使国家有充足的粮食储备,这才是成就霸业的道路,也一定会取得成功。

曹操早已胸怀壮志雄心,他深知皇帝这面旗帜非常重要,谁夺取这面旗帜,谁就可以利用天子的名义发展自己的势力,取得意想不到的效果。因此他对毛玠的建议,非常称赞,也非常重视,于是提升毛玠为幕府功曹。曹操立即决定,开始着手迎接献帝的工作。

曹操为了联系朝廷,打通通往长安的道路,于初平三年(192),特派从事王必出使长安。虽然路途有些曲折,但王必最后还算顺利地到达长安。

王必到长安后,当时的长安为董卓的部将李傕、郭汜所掌控,他们不知曹操派来使者,究竟何意,便想把王必扣留起来。黄门侍郎钟繇劝阻他们说:"方今英雄并起,各有一套,只有曹

操心里还有王室，如果不接受他的忠心，恐怕有失众望。"李傕、郭汜听取了钟繇的意见，于是对曹操厚加报答，即承认曹操自领兖州牧的合法性。

兴平二年（195）七月，献帝经过千辛万苦，终于回到故都洛阳。献帝见洛阳被董卓烧毁得残破不堪，欲哭无泪，悲哀至极。

同年十月，献帝正式拜任曹操为兖州牧，曹操的力量有了进一步的发展。

献帝到洛阳后，曹操打算将献帝迎接到许县（今河南许昌东），但属下一些人认为条件还不成熟。可是谋士荀彧力排众议，对曹操说："从前晋文公迎接周襄王回王城，因而诸侯纷纷追随；汉高祖穿上孝服为义帝发丧，从而天下归心。现在皇帝到处流落，将军首倡义兵勤王，只因崤山以东局势混乱，未能远去迎帝。将军虽然在外征伐，但心无时不在王室。如今皇帝处在苦难之中，东京洛阳又是那样残破荒凉，忠义之士都有怀念朝廷的思想，百姓也有忠于王室的感情。如果这时迎奉天子以从人愿，是大顺也；秉承至公之心，以服天下，是大略也；坚守君臣大义，辅佐朝廷，招揽天下英雄豪杰，是大德也。这样一来，就是各方虽有叛逆，他们又有什么作为呢？若不及时作出决策，让其他豪杰产生非分之念，到那个时候，就来不及了。"

荀彧这一进言，表明现在奉迎献帝在各方面都是有利的，不能错过这个机会。

曹操接受荀彧的意见，立即采取行动，派曹仁带兵向西，到洛阳迎接献帝，但由于卫将军董承扼守险要进行阻拦，曹仁不能前进，没有成功。

这时，在献帝周围的将领主要有韩暹、杨奉、董承和张杨四人，这四人互有矛盾。其中杨奉兵力较强，驻守临近许县，但缺少外援，粮食供应比较困难。

韩暹依仗护驾有功，专横霸道，飞扬跋扈，董承对他十分不满，但自己又无力对付他，于是他就私下请曹操进京。曹操得到进京的机会十分高兴，立即亲率大军，到达洛阳，向献帝奏报韩暹、张杨的不法行为。韩暹害怕被杀，单枪匹马逃出洛阳，投奔驻守梁县的杨奉。献帝认为韩暹、张杨护驾有功，下令不予追究。献帝命曹操兼任司隶校尉，录尚书事。录尚书事，职位很高，权力很大，实际总揽朝廷政务，这时的曹操可谓走入人生最重要的阶段。

曹操掌握大权以后，为了树立自己的威望，以献帝的名义，立即做了三件事。首先诛杀了尚书冯硕等三人，惩罚他们犯下的罪过；之后又封卫将军董承等十三人为列侯，奖赏他们护驾有功；追赠射声校尉沮俊为弘农太守，哀怜他为国捐躯。

这时议郎董昭向曹操提议："将军兴起义兵，讨伐暴乱，入京朝见天子，辅佐王室，这是春秋时期五霸的功业。现在洛阳的

将领，都有自己的打算，未必听从将军的指挥，如今留在洛阳辅佐朝政，有许多不利因素，只有请天子移驾到许县最好。不过朝廷已经多次迁徙，现在刚刚回到洛阳，远近的人都希望安定下来，再迁徙恐怕出现麻烦。但也只有做不同寻常的事，才能建立不同寻常的功业，希望将军做出利多弊少的选择。"曹操认为这个意见很符合自己的想法。但曹操又担心杨奉近在梁县，兵强马壮，会不会阻挠？董昭又为曹操出主意："杨奉孤立无援，他愿意与将军结交。应该尽快派遣使者带着厚重的礼物送给他。并告诉他，洛阳缺少粮食，想让献帝暂时移居鲁阳（今河南鲁山县），鲁阳靠近许县，运粮比较便利，以免缺粮之忧。杨奉这个人有勇无谋，一定不会有疑心。在使者往来期间，足以确定大计，杨奉怎能阻挠？"

曹操认为这个建议很好，立即派使者携带厚礼去杨奉那里。在极为隐蔽的情况下，曹操将献帝移驾出洛阳，途经轘辕关（今河南偃师东南），向东行进，于是迁都于许县，改称许县为许都。

此时，杨奉才醒悟过来，上了曹操的当，杨奉从梁县出兵，想要阻拦曹操护驾东行，但已来不及了。之后，曹操为消灭杨奉对自己的威胁，出兵讨伐杨奉，杨奉向南投奔了袁术，曹操攻陷了杨奉在梁县的营寨。

曹操把献帝从洛阳迁移至许都，从此献帝这个皇帝，基本在曹操控制之下。曹操从此不但得到黄河以南的大片土地，而且关中地区的人民也纷纷归附。更重要的是曹操在政治上取得很大优势，他可以以献帝的名义，向全国各地发号施令；他可以利用献帝使大小官员俯首称臣；甚至他可以把自己的意志变成皇帝的诏命，发布全国。曹操成为献帝唯一的保护力量，从此献帝不再流离失所，可以过安定的日子了。曹操对献帝的照顾又非常周全，当时献帝十分缺乏生活器物，曹操《上器物表》《上杂物疏》，给献帝送去很多东西，献帝感到在这里十分宽慰。献帝任命曹操为大将军，封武平侯。大将军是将军中最高级别，也是中央政府的执政者，比三公地位还高，权力还大。从此，曹操便有了"一人之下，万人之上"的地位，而且把所有的反对派都置于不仁不义的地位，这是曹操在政治上取得的非常重要的胜利。

曹操赶跑了杨奉以后，就开始利用现在的政治优势对付最大的对手袁绍。袁绍可不是一般的人物，但在此时他完全处在被动的地位。曹操首先以献帝的名义下诏责怪袁绍，居高临下地对他说："你虽地广兵多，但结党营私。从来没听说你出师勤王救驾，只见你和别人互相攻杀。"这几句话，说明袁绍和献帝是有距离的。袁绍只得上书，做了自我谴责，还为自己辩护几句。献帝任命袁绍为太尉，封邺侯。

袁绍对如此任命大为不满，太尉虽是三公之一，但居曹操大将军之下。袁绍对自己成为曹操的下级，既感到耻辱，又愤怒不平。因此大发牢骚："曹操几次打仗失败，差一点丢了性命，都

是我救了他，现在他竟挟持天子，对我发号施令！"于是上表推辞，不肯接受太尉的任命。

曹操考虑，现在袁绍的实力不俗，还不是与他僵持的时候，不妨采取以退为进的策略，先稳住他，然后再制服他。于是曹操上表献帝，辞去大将军职位，把大将军的职位让给袁绍。于是献帝改任曹操为司空，代行车骑将军职务。建安二年（197）三月，献帝正式任命袁绍为大将军，兼管冀、青、幽、并四州。

但在实际上，曹操仍然在许都控制朝廷的一切，而袁绍仍然掌握他的原来的四个辖区，大将军只是一个空名。

在如何对待献帝的问题上，袁绍的眼光是短浅的，鼠目寸光，毫无政治头脑。早先谋士沮授曾劝袁绍迎献帝来邺城，挟天子以令诸侯，使自己处于优势的地位。袁绍虽然表示同意，但有的谋士和部将反对，认为把皇帝弄到自己身边来，有事必然要向他报告请示。听他的，自己的权力一定会受影响；不听他的，又有抗命之罪，这不是好办法。

沮授有先见之明，认为迎献帝这件事不能迟疑，否则就被别人抢先。可是袁绍没有这个决心，也没有这个眼光，再加上有人反对这样做，他就把这件事放下了。结果不出沮授的预见，果真有人抢先一步，这个人就是曹操，曹操眼光远大，比袁绍肉眼凡胎，高明多了。曹操迎献帝到许都后，在政治舞台上占据极为重要的位置，凌驾于其他文武大臣之上。袁绍就是后悔也来不及了。

之后，袁绍后悔之余，想出一个补救的办法，他以许都低湿、洛阳残破为由，要求曹操把献帝从许都迁到离自己较近的鄄城（今山东鄄城县），企图从曹操手中夺走皇帝这张王牌。曹操当然拒绝他了。

曹操在许都掌握大权以后，为刷新政治，改革时弊，于建安元年（196）向献帝呈上一份《陈损益表》，提出十四项改革政治的建议，可惜这十四项建议已失传，只留下建议的前言部分，在前言文字中，强调要实行富国强兵与任用贤能的政策。无疑这些改革政策是经过曹操认真考虑的，也是得到献帝首肯的。曹操又是如何实施这些政策的呢？

当时的社会，由于割据势力的连年混战，百姓生活十分不安定，因此土地荒废，粮食匮乏，人民饥饿得甚至人吃人。因此曹操就在建安元年（196），在镇压颍川黄巾军之后，也是在迎献帝到许都之后，接受枣祗和韩浩的建议，决定在许都实行屯田制，并发布《置屯田令》："夫定国之术，在于强兵足食。秦人以急农兼天下，孝武以屯田定西域，此先代之良式也。"其大意是，安定国家的办法，在于兵力强盛，粮食充足。秦国统治者由于急速发展农业而统一中国，汉武帝因为实行屯田而平定西域，这都是以前朝代做出的好榜样！因此曹操决定发展农业，实行屯田。有了粮食，百姓吃饱饭，国家有储备，国家就富强了；有了粮食，

有充足的军需供应，兵强马壮，这是取得战争胜利的绝对条件。只有强兵足食，国家才能安定，这已是颠扑不破的真理。

曹操首先在许都实行屯田，逐渐在他统治的其他地区推广。当时的曹操之所以能够实行屯田，是因为他具备了各种条件，首先必须有大量无主的土地和荒地。因为常年混战，百姓纷纷逃亡，丢下大量土地，成为无主的荒田荒地，为屯田提供了土地保证。

其次，曹操打败了黄巾军，收编了三十万军队，还有随军家属百余万，这就给屯田提供了比较充足的劳动力。有了劳动力，屯田就"活了"。

最后，曹操还从投降的黄巾军的随军家属中，得到不少耕牛和农具。

曹操任命枣祗为屯田都尉，任命任峻为典农中郎将，主持屯田事务。屯田官员管理所辖屯田地区的农业生产、民政和田租等事务。地方官吏不得过问或干涉屯田事务，屯田官员有自己的独立权力。

年终收成如何分配？经过反复讨论，最后采用按产量分成的办法。屯田户用官牛耕种的，将收成的百分之六十交给国家，自己得百分之四十；如果用自己的牛耕种的，收成各得百分之五十。这样有利于鼓励屯田户的积极性。

各项准备工作基本就绪以后，在广阔荒漠的田野上开始了春耕与秋收。屯田第一年，在许县就获得百万斛的好收成。以后逐渐扩大屯田范围，再加上兴修水利，经过几年的经营，各地收获的谷物，每年达千万斛之多。达到"所在积谷，仓廪丰实"，基本缓解了当地的吃饭问题，更重要的是解决了军队的用粮问题。屯田所取得的成就，使曹魏向富国强兵的方向，迈出一大步。

曹操在《陈损益表》的前言中把富国强兵与任用贤能摆在同等重要位置。曹操自从迎接献帝到许都后，为掌控朝廷大局，为巩固自己的权势，为使国家由弱变强，需要一大批贤能之士为其做贡献。曹操一贯爱惜人才，重用人才，此时他更把人才看得非常重要。他首先任用谋士荀彧为侍中，守尚书令，这是非常重要的职位，掌握国家大政。荀彧还向曹操推荐荀攸和郭嘉两位谋士，两人足智多谋，为曹操做出许多贡献，特别是郭嘉，曹操尤为称赞。曹操任命荀攸为汝南太守，以后又调到朝廷任尚书；任命郭嘉为司空军谋祭酒，留在身边参谋军事。

此外，荀彧还向曹操推荐钟繇和杜袭等人。钟繇到许都后，曹操任命他为御史中丞，后又改任侍中，尚书仆射，做了尚书令荀彧的副手；杜袭，曹操任命其为西鄂长。

谋士程昱，也是在曹操苦难时立过功的，曹操任命程昱为尚书，后改任东中郎将，兼任济阴太守，负责治理兖州一带。

董昭，帮助曹操迎献帝迁许都有贡献，曹操任命他为洛阳令，留守故都。

毛玠，劝曹操开展屯田，以强军资，成霸业。曹操任命他为东曹掾。

名士孔融，即孔子二十世孙，响应曹操的征召来到许都，曹操非常重视，任命他为地位较高的将作大匠。

才思敏捷的杨修，仰慕曹操而来，被任命为郎中。

司马懿之兄司马朗，聪明而见多识广，被任命为司空掾属。

陈群被任命为司空西曹掾属。

曹操除吸收一些文才外，还征用一些武将，如前来归附的李通，被任命为振威中郎将。

曹操任用人才，可谓不拘一格。只要有真才实学，思维敏捷，为他出谋划策，为他做出突出贡献，无不委任相当的职位。仅从这一点看，曹操就是一位善于发现人才、使用人才，且能采纳谏言的出色政治家。

由于曹操广招贤才的开明政策，四方贤才齐聚而来，愿为所用。也因为各种人才到位，朝廷的管理能力也增强了，国家的经济状况也开始有所好转，天下好像由寒冬逐渐走向暖春。

但这时的献帝并不高兴，整天生闷气。曹操挟天子以令诸侯，把朝廷大权完全集中在他自己手里，而且越来越专横。献帝的权力基本被剥夺，已成为摆设，皇帝的尊严受到极大的打击。献帝由最初的不满，发展到怨恨，最后决定要杀曹操。

为削弱曹操的权力，建安四年（199），献帝以董承为车骑将军，并开府。所谓开府，即为其设立机构，配备僚属，使其具有实际的权力。但曹操在这以前早已自为司空，行车骑将军事，有机构，有僚属，把权力攥在自己手里。这时献帝又设立一个同等机构，明显是在夺取自己的权力，曹操当然不满，更不肯退让，于是两个机构展开了明争暗斗的较量。

献帝又进一步，下密诏给国舅董承，叫他结交天下义士，共谋诛杀曹操。董承拿到献帝的密诏，偷偷摸摸地去与刘备交心，刘备表示愿意共谋，但因外出用兵，没有起什么作用。董承又与偏将军王服、长水校尉钟辑、议郎吴硕共同结下密盟，决定下手除掉曹操。没有想到，建安五年（200）正月，董承奉密诏谋杀曹操的事泄露了，曹操大怒，不但杀了参加密谋的董承、王服、钟辑和吴硕，而且夷其三族。董承的女儿是献帝后宫的妃子，被封为贵人。曹操为夷灭董承三族，也要杀贵人，当时的贵人已经怀孕，献帝恳求曹操免贵人一死，曹操不答应。献帝又多次请求，曹操还是不答应。可见曹操为密诏一事，气愤至极，连皇帝的请求也不答应，说明曹操对自己生死攸关的事，下手是毫不留情的，也是非常狠毒的。

这件事所起到的轰动效应、所带来的威慑力量是巨大的，内外官员无不震惊。从此曹操的威势大大提高，他手中的权力更加强盛和巩固。而献帝的地位和作用却一落千丈，曹操牢牢地控制住这位敢于冒险的皇帝，使他不再挑起事端。

建安十三年（208），朝廷废除三公的职位，恢复设置丞相、御史大夫的制度，任命曹操为丞相。这一制度的变更，使三公主管的事务全由丞相曹操一人主管，加大和集中了曹操的权力。

建安十七年（212）正月，献帝下诏，特准曹操在拜见皇帝时，司仪官只称他的官职，不呼他的名字；准许曹操入朝见皇帝时，不必小步疾走，并可以佩剑穿鞋上殿，这是遵照汉初丞相萧何的特殊先例。这一入朝拜见皇帝的破例，说明曹操的身份已超出朝廷的一切官员，极其特殊、尊贵。

建安十八年（213）五月，献帝封曹操为魏公。把冀州属下十个郡作为他的封地。曹操继续担任丞相，并加九锡，所谓九锡，即古代天子赐给有声望的大臣的九种器物，是最高的礼遇。同年十一月，魏国设置尚书、侍中、六卿。这样，曹操不仅封号高了、封地多了，而且受到了极高的礼遇。

建安十九年（214）十一月，因董承接皇帝密诏谋杀曹操的事情败露引起曹操残酷杀戮，献帝的伏皇后受到惊吓，总是感到恐惧不安，她写信给父亲伏完，令其策划铲除曹操，伏完胆小不敢。但这事又泄露出去，引起曹操大怒，派御史大夫郗虑带着符节和策书，收缴了伏皇后的印玺绶带，又派尚书令华歆率领军队入宫逮捕伏皇后，伏皇后关上门，藏在夹壁墙里，华歆砸门破壁，把伏皇后从夹壁里拖了出来。伏皇后披头散发，光着脚，泣不成声地哀求献帝："就不能救救我吗？"献帝说："我也不知能活到何时。"曹操把伏皇后关在宫中的监狱里，拘禁而死。她的两个儿子也被毒死，她的亲属也被杀害。

建安二十年（215）正月，曹操的女儿曹贵人被册立为皇后。

建安二十一年（216）五月，献帝封魏公曹操为魏王。

建安二十二年（217）四月，献帝下诏，魏王曹操设天子旌旗，出入称警跸。也就是说魏王曹操可用皇帝专用的旌旗，出入如同帝王，有人警戒和清道。可见这时曹操的特殊待遇与皇帝几乎画等号了。同年冬十月，命魏王曹操冕十有二旒，乘金银车，驾六马，设五时副车。也就是说，魏王曹操所戴的王冠可以和皇冠一样有十二条旒，可以乘坐如同皇帝所用的金银车，以六匹马驾车，也可用皇帝专用的那种五色装饰的副车。可见这位魏王的特殊待遇，几乎和皇帝不分上下，只差一个皇帝的称号了。

同时，魏立五官中郎将曹丕为太子。

献帝下密诏杀曹操失败后，逐步地封曹操由丞相到魏公再到魏王，这意味着什么？意味着献帝补偿、安抚曹操吗？可能不是。意味着形势所迫，或是曹操自讨封王，或是曹操下属鼓噪封王，献帝不得不准吗？只能这样解释了。在此形势下，曹操代汉称帝的呼声高涨起来。在群臣的眼里，曹操要篡权当皇帝了。甚至，东吴孙权居心叵测地说曹操受万民敬仰，劝曹操应当做皇帝。曹操冷笑说，孙权这小子是把我放在火上烤。实际是说孙权没安好心。夏侯惇也劝说曹操称帝。在这种情形下，曹操只表

示，"若天命在吾，吾为周文王矣"。就是说，他不想当皇帝，只想当周文王。但他为什么不想当皇帝，这恐怕有他的深谋远虑，也有他的苦衷。

曹操不能不回想到袁术称帝的恶果。建安二年（197），袁术在寿春登基做皇帝，这个在政治上很不成熟的野心家，违背天理人心，众叛亲离。有人骂他，阴谋不轨，以身试祸。不到两年半的时间，袁术先后被吕布和曹操打败，再加上称帝后奢靡无度，储存的物资已耗尽。袁术在此极度困难的情况下，孤立无援，走投无路，无计可施，他只好派人把皇帝的尊号送给他的堂兄袁绍，自己不再做皇帝了。

袁绍早就有做皇帝的野心，不过他比较谨慎，主簿耿包在袁术送来帝号时，秘密向袁绍建议，应当应天顺民，即位称帝。袁绍把耿包的建议告诉自己的部下，这些官员一致认为耿包大逆不道，应该斩首。袁绍一看形势不对，不得已杀了耿包，并表示自己无意称帝。袁绍比袁术聪明，没有硬着头皮做皇帝。

精明的曹操以袁氏兄弟为借鉴，知道如果现在篡汉称帝，一定没有好下场，必受万人唾骂。曹操早就明白，废立之事，乃天下不祥之事，董卓就是一个明显的例子，没有好下场。

当时天下尚未统一，魏、蜀、吴分域而治，蜀国和吴国甚至骂曹操是汉贼，如果曹操此时代汉称帝，给刘备、孙权留下口实，他们就可以号召天下对曹操共讨之。孙权不怀好心地劝自己称帝，自然不能上他们的当。

　　曹操一生，几次强调自己没有代汉称帝的意图，并声称如果没有我曹操，"不知当几人称帝，几人称王"。在自己地位越来越高时代汉称帝，既会玷污自己的形象，损坏自己的声誉，更会引起诸多势力对自己群起而攻之。曹操这样精明的人，对这种给自己挖坑的事是绝对不会做的。

　　曹操也是一位非常讲实惠的人，与其图虚名令天下侧目，不如无皇帝的虚名而享受帝王之实权。曹操有句名言，"不得慕虚名而处实祸"。此时挟天子以令诸侯，更安全、更顺手、更有效，何乐而不为！

　　曹操不称帝的算盘打得非常精明。

　　司马光在《资治通鉴》卷六十八，对曹操不称帝也有个看法，他说："以魏武之暴戾强伉，加有大功于天下，其蓄无君之心久矣，乃至没身不敢废汉而自立，岂其志之不欲哉？犹畏名义而自抑也。"显然，司马光认为，曹操有当皇帝的野心好久了，但他为什么又没有当皇帝？是因为惧怕名义不顺而克制自己罢了。

南征张绣以德报怨

　　曹操迎接献帝到许都以后，虽然在政治上取得了有利形势，但他环顾四周，群雄割据，异己力量盘踞四面八方，心里很不踏实。在北面有袁绍控制冀、并、青三州，公孙瓒据有幽州；在东面有吕布据徐州，袁术据淮南；在南面有刘表据荆州，张绣据南阳，孙策据江东；西面有韩遂、马腾据凉州，汉中还有张鲁，益州又有刘璋。

　　曹操经过认真考虑，决定先攻打近处的张绣，而且张绣的兵力也比较弱。

　　张绣，武威祖厉（今甘肃靖远西南）人，是骠骑将军张济的侄子，张济原为董卓部将，董卓死后，张济同董卓的其他部将李傕、郭汜一起为董卓报仇，进攻长安，打败吕布，杀死王允。张济被封为镇东将军，出屯弘农（今河南灵宝北），以后献帝又封张济为骠骑将军。张绣跟随叔父在军中，由于作战英勇，被升为建忠将军，封宣威侯。

张济在弘农，因荒年不收，严重缺粮，率领部队向南寻找粮食，在攻打穰城（今河南邓州）时，被乱箭射中而死，于是张绣接替叔父统领部队。此时的张绣走投无路，十分困难。荆州刘表伸出援救之手，派人去接纳张绣，让他驻守宛城（今河南南阳），从此张绣才有了立足之地，刘表也得到北面的屏障，刘表便与张绣形成军事的联合。

建安二年（197）正月，曹操亲自率领大军直接进攻在宛城的张绣，由于双方军力悬殊，张绣知道不能抵抗，便在曹军进到离宛城不远的淯水（今河南白河）地方，向曹军投降了。

曹军不费吹灰之力进入宛城，简直有些忘乎所以。曹操本来就好色，看见张绣的婶母（即张济之妻）春情外溢，貌美绝伦，一时就动了心，将其纳入营中。张绣见曹操如此行为不轨，深感自己受到奇耻大辱，因此十分痛恨曹操。

张绣有一个贴身部将胡车儿，勇猛异常，颇得张绣的爱惜和信任。曹操见其勇健无比，深重其人，想要把他拉过来，亲自赏以重金。张绣得到消息，更加愤怒无比，甚至怀疑曹操要利用其左右刺杀自己。也就在这时，曹操知道张绣对自己不满，就想秘密杀了张绣。不想这个意图泄露出来，在此危急时刻，张绣与谋

士贾诩商量，决定先发制人，对曹操发起突然袭击。

贾诩本来是劝张绣投降曹操的，现在见曹操欺人太甚，就为张绣出主意，对曹操先发制人。于是张绣请求曹操批准他将自己的军队经过曹操的营地迁出城去，又谎称，因车辆不多，都已超载，铠甲只能让士兵穿在身上。曹操对张绣的请求，好像没有经过任何思考，更没有任何警惕，就轻易地答应了。曹操此时好像仍然沉醉于美人梦中。

于是张绣带领全副武装的士兵进入曹操的营地，突然一声令下，闪电进击，曹操阵营毫无戒备，顿时大乱，曹操更是措手不及，幸亏大将典韦掩护，带着少数随从逃脱，在逃跑的途中，曹操的坐骑被流箭射伤，倒地不起，曹操自己的右臂也受了箭伤。曹操的长子曹昂在紧急中将自己的坐骑让给父亲，曹操这才得以逃脱。而曹昂却被乱军杀死，曹操的侄子安民也遇害。年仅十一岁的曹丕，机警敏捷，得以逃脱。骁勇善战的典韦在乱军中左右冲杀，英勇无比，却终因寡不敌众，身受重伤，最后大骂张绣倒地而亡。

曹操这次兵败，可谓损失惨重。自己负伤逃脱，一直逃到舞阴（今河南泌阳西北）才停下来。曹操得知典韦战死的消息，痛心地流下了眼泪。曹操的军队被打得七零八落，只有平虏校尉于禁一支数百人的军队，且战且退，虽然也有死伤，但还保持完整的队形，没有溃散。就在于禁整理残部鸣鼓而还时，张绣的追兵飞速赶到。曹操命令于禁率领军队迎击，张绣敌不过曹军的奋战，战败后退守穰城，再次与刘表联合。

曹操在谈到这次失败的原因时，首先是自责：我接受张绣投降，但没有及时地获取人质，也就是没有让张绣交出老婆孩子做人质，以致弄到这个地步，我已明白这次失败的原因，大家看着吧，今后我不会再打败仗了。作为一个三军统帅，曹操能这样自责，虽然很不到位，但也是很不简单了。

他认为现在更重要的是引导全军向前看，鼓舞士气，不再犯同样错误。他自己也做出保证，以后不再打这样的败仗，从这一角度看，这也是曹操不同寻常的地方。

曹操自舞阴返回许都，曾经归附曹操的南阳、章陵（今湖北枣阳东南）诸县又叛曹归附张绣，曹操命令曹洪去讨伐，也没有成功，只得退守叶县（今河南叶县西南），而且经常受刘表、张绣的侵扰。

曹操是不服输的，决心要拔除张绣这颗钉子，解除对自己的威胁，于是于建安二年（197）十一月，曹操再次率领军队南征张绣。

当曹操大军来到淯水（今河南白河）岸边时，一股伤感之情油然而生，曹操想到因自己的失误，使爱将典韦和自己的两位亲人以及许多将士牺牲，决定在淯水岸上为阵亡将士举行一次隆重的祭奠仪式。曹操潸然而泪下，众将士无不感动而流泪。

曹操的进军很顺利,不但攻下了刘表属将邓济据守的湖阳(今河南唐河县),而且生擒了邓济。接着又很快攻下舞阳,使张绣与刘表的结合受到沉重的打击。

大局稳定后,曹操回到许都。

建安三年(198)三月,曹操第三次征伐张绣。谋士许攸劝曹操伺机而动,他说:"张绣与刘表互相结合,形成比较大的势力。然而张绣无根基,军粮全靠刘表供应。如果有一天刘表不能供应军粮,二人势必闹矛盾。不如暂缓进军,待时机合适,对张绣进行利诱,把张绣争取过来。此时急于讨伐,他们二人必然互相帮救。"但曹操没有听从许攸的意见。

曹操率领大军南下,包围了张绣据守的穰城。果然不出许攸所料,张绣马上向刘表告急,刘表派兵急速来救,切断了曹操军队的后路,情况对曹操十分不利。

就在这时,袁绍部下有一逃兵投奔曹操,说田丰劝袁绍袭击许都,这样就可以挟天子以令诸侯。曹操得到这个信息,认为必须防备袁绍偷袭许都,于是便从穰县解围撤退。张绣率领军队紧追不舍,刘表援助张绣的军队驻在安众(今河南镇平东南),据守险要,切断了曹军退路,使曹军腹背受敌。在此危急情况下,曹操兵出奇策,命令士兵连夜开凿地下通道,把军用粮草和辎重全部运进通道,并埋伏下奇兵。刘表和张绣哪里知道曹操用兵之神,到天明时,曹军假意要逃跑,刘表和张绣率领全部军队在后边追赶，曹操命令埋伏好的步兵和骑兵前后夹击，大破刘表和张绣的联军，取得决定性胜利。

后来荀彧询问曹操："您以前料定敌军必败，是根据什么？"曹操说："敌人阻挡我们退兵，是把我们置于死地，我因此知道可以获胜。"这是曹操娴熟地运用《孙子兵法》置之死地而后生的具体实践。曹操又根据当时的地势，挖地道，设埋伏，神出鬼没，使敌人完全处于被动挨打地位，因而他们必然一败涂地。

其实，张绣在出兵追击曹操时，谋士贾诩就阻止他说："不能去追，追则必败。"但张绣不听，坚持去追，结果大败而归。张绣败回大营后，贾诩这时又对张绣说："赶快去追，追则必胜。"张绣就不明白了，对贾诩说："上次没有听你的话，竟大败而归。现在已经大败，怎么还要去追呢？"贾诩解释说："兵势变化无常，赶快去追。"张绣这次听贾诩的话，赶紧收拾残兵败将，急速追赶，双方交兵会战，张绣果然得胜而归。但是张绣还是弄不明白，又问贾诩："我用精兵去追赶曹操的退兵，你说必败；现在用败兵追曹操的胜军，而你说必胜。结果完全如你所预料的，原因在哪里？"贾诩说："这很容易明白，将军虽然善于用兵，但不是曹操的对手。曹操的军队刚刚撤退，必然亲自率兵断后，你的追兵虽精，但将领不如他们。他们断后的是精锐部队，你也不如他们，所以知道将军必败。曹操进攻将军，既没有失策之处，又不是力量用尽，却一下子率军撤退，一定是他的后

方发生变故。他已击败将军的追兵，必然轻装速进，留下其他将领断后，其他将领虽然勇猛，却不是将军的对手，所以将军虽然率败兵去追赶，也必然获胜。"贾诩的一席话，使张绣顿开茅塞，对贾诩大为敬服。

纵观曹操几次讨伐张绣，有胜有败，有得有失。从总的形势看，曹操削弱了张绣的军事力量，但没有完全达到所期望的目的。

建安四年（199），在官渡大战前夕，袁绍为了拉拢张绣，共同对付曹操，派使者来到穰城与张绣联络，同时还给贾诩写了一封信，表示互相接应。张绣考虑袁绍实力比较强大，想要答应袁绍的要求。但贾诩当着张绣的面对袁绍的使者说："你回去告诉袁本初，你们兄弟之间尚且不能相容，怎能容得下天下国士呢！"张绣见场面十分尴尬，有些不安，急忙打圆场。袁绍使者走了以后，张绣就没有主意了，问贾诩："你拒绝了袁绍，将来怎么办？"贾诩的回答简直令张绣想都不敢想："不如投奔曹操。"

张绣对贾诩的回答简直不知所措，张绣说："袁强曹弱，我们又与曹操结下了冤仇，怎么能投奔曹操呢？"

贾诩向张绣分析了投奔曹操的理由："第一，曹公奉天子以令天下，在政治上占有优势。第二，袁绍强盛，我们以很少的兵力归附他，他必然不会看重我们；曹公虽弱，得到我们的这支兵力，是雪中送炭，一定很高兴。第三，凡是有志建立霸王之业者，肯定不会计较过去的个人私怨，以表明他们的大德普及于四海。曹公有此优势，请你不必再疑虑。"

张绣非常信服贾诩，现在听到他的分析，也不再有疑虑了。

建安四年（199）十一月，张绣带领部队到许都投归曹操。

曹操见张绣来归，非常高兴。这是他想不到的大喜事，亲热地拉着张绣的手，一起步入设宴的大厅，大家一起举杯欢宴，十分欢快。并立即任命张绣为扬武将军。以后，曹操还为其子曹均娶了张绣的女儿，两人成了亲家。

曹操对贾诩也相当敬重，拉着他的手说："使我取信于天下的，就是你啊。"于是任命贾诩为执金吾，封都亭侯，很快提升为冀州牧，因为冀州还在袁绍手里，因此留贾诩做参司空军事。以后贾诩便成为曹操的重要谋士。

曹操对张绣来归，热情之高，亲切得很不寻常，不但封了高官，两人还很快成为亲家。说明曹操对张绣既有大德，也有大度。特别是他对当前形势有深刻的判断，张绣的归来，表明挟天子以令诸侯已具有相当的威信力，使地方势力愿意和我曹操站在一起。张绣的归来，对即将开始的官渡之战，也有现实意义。张绣是一员英武的战将，可在官渡之战中发挥作用。曹操不计前嫌，不计杀子之恨，杀爱将之痛，以大局为重，宽宏大度，既往不咎。曹操如此对待张绣，也有榜样的力量，有利于吸收各路人才，有利于提升曹操个人的正面形象。

　　在官渡之战中，由于张绣怀着感恩之情，作战十分英勇，曹操提升他为破羌将军。在攻破袁谭的战斗中，张绣因功增邑二千户。曹操对张绣之大德可谓无以复加矣。

白门楼擒杀吕布

曹操杀吕布，是经过左右衡量才动手的。

《三国志·魏书·吕布传》记载，吕布，字奉先，五原郡九原（今内蒙古包头西）人。吕布善于骑马拉弓射击，而且膂力过人，号为飞将。原来是并州刺史丁原的部将，丁原对吕布十分信任，情同父子，以后随丁原到洛阳驻防。

董卓到洛阳后，为扩大势力，要吞并丁原的部队。董卓知道吕布是丁原极为信任的部将，亲如父子，便与吕布套近乎，引诱吕布杀死了丁原。吕布手提丁原的首级投靠董卓，董卓授吕布为骑都尉。从此吕布便成为董卓最信任、最宠爱的人物，亲如父子。不久，董卓又升吕布为中郎将，封都亭侯。一个卑鄙的狂徒和一个野心家就这样结合在一起了。

董卓到洛阳后，胡作非为，非常残暴，十分不得人心，因此他整天提心吊胆，恐怕有人谋害他，于是他常常让吕布不离前后，跟随自己，以求自卫。但是，董卓这个人性格怪僻粗暴，常常因为一点小事不如意就动手杀人。有一次，吕布不知什么事使董卓不高兴，董卓拿起手戟，掷向吕布，吕布敏捷地躲开掷来的手戟，而且还客气地还以微笑，董卓这才息怒。吕布之所以这样的逆来顺受，说明这时的吕布还不敢与董卓对抗，只得吞下这口气，但是，从此以后，在吕布的心里对董卓已暗怀怨恨。

董卓经常叫吕布守卫中阁，吕布是一个火辣辣的美男子，一有机会便与董卓的侍婢私通。干这种偷情的事，吕布总是提心吊胆，心里恐慌，特别是怕被董卓发觉，因此很不安。

司徒王允对董卓的野心和残暴早已心怀不满和仇视。因此密谋要诛杀董卓。他见吕布力壮过人，又精骑射，还是董卓的亲信，二人情同父子，于是便和吕布拉近关系，以后关系越来越密切，王允便把谋杀董卓的事秘密地告诉了吕布，请他做内应。吕布开始还有些犹豫，说了一句："我们亲同父子，怎么办？"王允说："你姓吕，并不是亲骨肉。你现在担心的是怕董卓杀死你，何谓父子？"吕布便答应了王允的要求。在一次皇帝在未央殿大会群臣时，吕布趁机刺杀了董卓。这是《三国志》的记载。《资治通鉴》的记载稍为详尽，说明吕布又一次变脸，在杀死了"情同父子"的丁原之后，又杀死了同样"情同父子"的董卓。

　　但在《三国演义》中，描写这段事可就精彩、热闹多了。特别是在中间加上美女貂蝉，引起不少曲折的爱情故事。美女貂蝉本是王允府中的歌伎，年方二八，善于歌舞，色伎俱佳，王允以亲女待之。王允为杀董卓，巧使连环计，先把貂蝉许给吕布，后又把貂蝉许给董卓。貂蝉便在吕布和董卓两个色鬼之间用柔情动人的语言，极尽煽动和挑拨之能事，使"情同父子"的二人在争夺貂蝉的过程中产生了不可调和的矛盾，最后升级到你死我活的地步。吕布终于杀死董卓，貂蝉在其中可谓起了关键作用。清初毛宗岗评《三国演义》中的貂蝉说："十八路诸侯不能杀董卓，而一貂蝉足以杀之；刘关张三人不能胜吕布，而貂蝉一女子胜之。貂蝉以衽席为战场，以脂粉为甲胄，以盼睐为戈矛，以笑颦为弓矢，以甘言卑词为运奇设伏，女将军真可畏哉。"说明貂蝉是一位勇冠三军的出奇女子。毛宗岗又评说："为西施易，为貂蝉难，西施只哄得一个吴王，貂蝉一面哄董卓，一面又要哄吕布，使出两副心肠，妆（装）出两副面孔，大是不易。我谓貂蝉之功，可书竹帛。"说明貂蝉比春秋末年越国的美女西施的处境还困难，貂蝉的功绩，应载入史册。

　　历史中是否有貂蝉这个人物？史学家认为这个人物是虚构的，在任何史书中都找不到貂蝉的名字。据说貂蝉最早出现在《三国志平话》中，《三国志平话》是说书人的一个脚本，不是历史书。貂蝉是传说中四大美女之一，但西施、王昭君、杨贵妃三

人均在史书中有记载，而貂蝉不同，她只存在于民间传说和文学作品的《三国演义》中。

吕布杀死董卓后，董卓的部将李傕沿途招集人马十多万杀入长安，与吕布在城中展开激烈的交战，吕布战败，率领数百名骑兵，把董卓的头颅挂在马鞍上突围逃走。

吕布这时如丧家之犬，到处流浪，到处逃奔。他到南阳投奔袁术，袁术对他没有好感，认为他是反复无常的小人，拒绝接受他。离开袁术，他又去投奔袁绍。袁绍对他的态度是，利用他。袁绍与他一起，举兵进攻张燕黑山军，张燕有精兵一万多人，还有骑兵数千。善于骑射的吕布骑的是赤兔马，此马不但速度快，而且冲击力极强，发挥了神奇的作用，一举打败张燕的军队。

吕布自认为有功于袁绍，也非常轻视袁绍的部下，而吕布的将士又无法无天，到处抢夺财物，袁绍对此深为忧虑和忌恨。吕布已察觉袁绍的不满，要离开袁绍。袁绍担心吕布将来必有害于自己，于是派遣几个壮士在深夜暗杀吕布，但没有成功。这件事在《三国志·魏书》注引《英雄记》中有比较详细的记载。

野心勃勃的袁术派部将纪灵率领步骑兵三万攻打刘备，刘备当时屯军于小沛（今江苏沛县），见大军来势迅猛，难以抵挡，于是求救于吕布。吕布的部将对吕布说："将军你不是经常说要杀刘备吗，现在假手袁术杀死刘备的机会来了。"但吕布说："不能这样，如果袁术灭了刘备，他们就会和北边的泰山各将领联合起来，我们就处在袁术的包围之中，因此，不能不救刘备。"于是吕布亲自率领一千步兵、二百骑兵，急速救援刘备。袁术部将纪灵听说吕布到了，收兵不敢进攻。吕布在小沛西南一里的地方安营，吕布见到纪灵，开门见山就说："玄德是我兄弟，因为兄弟被诸君围困，所以我特来营救。我的性格从来不喜欢打杀，但喜欢调解争斗。"说完，吕布就命令守门士兵在营门中立起一支戟，然后说："诸君看我用箭来射戟的小支，若一箭射中，诸君应当解除包围；若不中，你们可以与刘备决斗。"说完，吕布拉弓射戟，不偏不歪，正中小支。纪灵诸将看得目瞪口呆，大为震惊，说了一声："将军天威也。"于是各自撤军。吕布救了刘备一条命。

袁术从前拒绝吕布前来投奔，现在他改变主意，要与吕布结盟，共同对付曹操。为使结盟更巩固，袁术为儿子求娶吕布的女儿，与吕布结成亲家。吕布同意了。有一个官员叫陈珪，是非常欣赏曹操的，担心袁术与吕布结盟将来必成为国难，于是前去说服吕布："曹公奉迎天子，辅助国政，威名满天下，将军应与曹公合作共谋，以图天下。可是现在你与袁术结成亲家，混在一起，将蒙受天下人说你是一个不仁不义的人，必有累卵之危。"听了陈珪一席话，勾起吕布对袁术起初拒不接受自己的怨气，因此，决定断绝与袁术的这门亲事，追回成亲路上的女儿。陈珪派儿子陈登面见曹操，陈述吕布是一个有勇而无谋的人，很容易

被人左右，应当早一点除掉他。曹操说："吕布狼子野心，很难与他长期共处。"曹操因陈珪父子有功于己，给陈珪的俸禄增加二千石，任陈登为广陵太守。

吕布曾请求陈登为他谋一个徐州牧职务，陈登回到徐州，告诉他没有满足他的请求。吕布立即大怒，拿出手戟，砍断桌几，并大声吼叫："你的父亲劝我协助曹公，因此，我断绝了和袁术的亲事，现在我一无所获，可是你们父子却得到曹操的增俸和重用，我被你们出卖了。你还有什么可说的吗？"这时的陈登并不为吕布的大怒而动容，慢慢地对他说："我见曹公说：'对待吕布譬如养虎，应当用肉喂饱他，不喂饱他，他就要吃人。'可是曹公说：'不是像你说的那样，对待吕布应当像养鹰，饿着他才能被利用，吃饱就飞走了。'"这寓意是，吕布一旦得到徐州牧，就会背叛曹公。吕布好像也明白了曹操的用心，气也慢慢地消了。

建安三年（198），吕布又与袁术联合，派部将高顺等进攻刘备，曹操派部将夏侯惇救援刘备，结果被高顺击败，高顺等攻破沛城（今江苏沛县），俘虏了刘备的妻子儿女，刘备一个人逃走了。

曹操亲自率兵去攻打吕布，中途遇见刘备，曹操便与刘备一起进入彭城（今江苏徐州），并安排好广陵太守陈登率领郡兵作为先驱，进抵下邳（今江苏睢宁县西北）。吕布多次与曹军交战，全部大败，无奈只得退守城中，不敢出兵交战。

曹操为此写信给吕布，向他分析当前的利害和祸福，示意他投降。吕布看信后，认为现在形势对自己十分不利，非常恐惧，于是打算投降曹操。但是陈宫不同意，陈宫与曹操为敌好久，自以为有罪于他，曹操不会容宽。于是陈宫为吕布出一计，提出曹操远来，一定不能停留很久，将军如果率领步骑兵驻在城外，我率领剩下的军队在内守城。如果曹军进攻将军，我领兵攻其背，如果曹军攻城，将军可在外援救。不过一个月，曹军粮尽，我们反击，就可以败敌大胜。

吕布同意陈宫建议，决定由陈宫和高顺守城，自己率骑兵出城，截断曹军粮道。

可是这时吕布的妻子非常担心、害怕。对吕布说："陈宫与高顺一向不和，将军一出城，他们二人必然不能同心协力地守城，万一出现问题，将军将如何立足！而且过去曹操对待陈宫有如父母对待子女一样亲，他能舍弃曹操来投靠我们？再者说，将军对待他的好并没有超过曹操，就把城交给他，抛弃妻儿家小，孤军远出，如果一旦有变，我们还是你的妻子吗？"吕布面对妻子哀怨的质疑，改变主意了，派人向袁术求援。袁术虽然勉强答应了，但因曹军围城水泄不通，难以逾越，吕布只得退回城内。

曹操虽然包围了下邳，但因地处沂水与泗水交会处，久攻不下，士兵十分疲惫，于是便有了撤军的念头。曹操的谋士荀攸、郭嘉劝阻曹操，认为吕布有勇无谋，现在屡战屡败，锐气已经丧

失。三军要看主将，主将锐气一衰，三军则无斗志。陈宫虽有智谋，但跟不上形势，现在我们应趁吕布锐气衰弱，陈宫的计谋还没有成形时，发动进攻，一举打败吕布。

曹操认为很好，于是发动士兵继续攻城，特别是开凿沟渠，引沂河和泗河之水流入下邳，使城内大水漫灌，汪洋一片，吕布的军队再无用武之地了。

吕布在极为困难的情况下，又坚守了一个月，实在难于继续下去，于是登上城楼，对曹军的士兵说："你们不要这样逼迫我，我要向明公自首。"

站在一旁的陈宫大怒，说："逆贼曹操，算什么明公。现在去投降，等于以卵击石，岂能保全性命！"

这时的吕布，率领亲兵登上白门楼，见曹军围攻甚急，知大势已去，他命令亲兵砍下他的脑袋，投降曹操，但亲兵不肯下手，吕布只好下楼投降。

吕布见到曹操，一开口就说："从今以后，天下可以平定了。"曹操问他为什么这样讲，吕布说："你所顾忌的人，不过是我吕布，现在我已归降，如果叫我率领骑兵，你统领步兵，则天下无人能敌。"吕布这种表白，其用意是叫曹操不要杀他，而是利用他，成就曹操之大业。吕布又回头对在座的刘备说："刘玄德，你是座上客，我是阶下囚，绳子把我捆得太紧，难道不能帮我说句话吗？"曹操笑着说："捆绑猛虎，不能不紧。"然后曹操下令给吕布松绑。松绑意味着缓和。

坐在一旁的刘备一直不发一言，静观事态的发展，这时看到曹操要给吕布松绑，态度逐渐缓和，吕布可能活下来，这时的刘备不能不说话了，他提醒曹操："明公，你没有看到吕布侍奉丁原和董卓的事吗？"刘备这句话虽然很短，但非常有分量。曹操马上反应过来。而吕布听到刘备的话，气愤地瞪着刘备说："大耳是最不可信的。"刘备的大耳是出了名的。刘备说给曹操的这句话，显然揭了吕布的最疼痛的伤疤，也是最令人痛恨的要害。

曹操于是杀了吕布。

吕布被杀，可谓罪有应得。曹操对吕布有一个生动而贴切的看法，就是把吕布比作一只鹰，吕布虽然是一个力强而有武功的美男子，但他品性卑劣却像禽兽。他不择手段地追求个人的欲望，他没有灵魂，没有仁义道德，没有是非曲直，更没有政治头脑，有奶便是娘。他杀情同义父的丁原，一刀砍下他的脑袋，献给董卓，其见利忘义，实难令人谅解。以后他又杀死誓同义父的董卓，为个人私情，除掉了祸国殃民的奸贼，也算立了一功。但这两件事合起来，社会人士对他的看法，却是一个反复无常的小人，而且是一个非常危险的小人。他的娴熟武功，再加上坐骑赤兔马的纵横，常常成为有心之人利用的工具。袁绍利用他打败了张燕的黑山军，但袁绍又怕他有害于自己，派人杀他，没有成功。吕布在归降曹操后，积极主动地要为曹操出力，平定天下，

以求活命。曹操也不是没有动心要松开他的绑绳，但经刘备提醒，曹操更明白，吕布虽然可以利用，但绝不可把这个反复无常的危险小人留在自己身边。曹操左右权衡后，决定杀他，是理之当然，事之所归。

那么，刘备为什么要坚持杀吕布呢？一是，吕布是一个反复无常的小人；二是，曹操如果不杀吕布，吕布成为曹操的助手，对自己将来与曹操争天下，实为一个大的隐患。所以，刘备是明杀吕布，暗防曹操。

与刘备煮酒论英雄

刘备少年孤苦，与母贩履织席为业，曹操是清楚的。刘备少年不喜欢读书，以玩狗马为乐，平时少言寡语，喜怒不形于色，喜欢结交有豪侠之气的伙伴，因此一些少年都愿意依附于他。就是这样一个人，经过曹操一段时期的观察，认为刘备不是一般的人物，而是当世的英雄。

刘备虽然心怀大志，但波折不断，他和吕布的矛盾也是这样，反反复复。据《三国志·蜀书·先主传》记载，刘备驻在小沛时，吕布出兵进攻刘备，刘备不敌败走，只得归附曹操。

虽然刘备是在不得已的情况下投奔曹操的，曹操对刘备的待遇仍十分优厚，请朝廷任命他为豫州牧。曹操这样优厚刘备，未尝没有拉拢刘备的意愿。

可是谋士程昱对曹操说："我看刘备是雄才，最终不会甘居他人之下，不如趁早除掉他，否则，必有后患。"

曹操虽然认为有道理，但一时还拿不定主意，于是征求谋士郭嘉的意见。郭嘉说："这种说法是对的。但是，您兴起义兵，为民除害，诚心诚意地招募天下英雄豪杰，还恐怕他们不来，如今刘备有英雄之名，因走投无路才投奔我们，而您要杀他，一定会落个杀害贤才的坏名声，这样就会使智谋之士产生疑虑，另打主意，将来您和谁一起打天下呢？因为除掉一个人，而使天下人失望，其中的得失和利害，不可不仔细考虑。"郭嘉从大局出发，认为这时还不能杀刘备。曹操也觉得郭嘉说的有道理，于是又拨给刘备一些军队和粮草，叫他仍然进驻小沛。曹操这时对刘备的策略是，继续鼓励他，帮助他。鼓励和帮助，是为了有效地控制他。

曹操回许都，刘备也随曹操回到许都，曹操表荐刘备为左将军，继续礼遇刘备，但这只是表面现象，实际上是曹操把刘备安放在自己的眼皮底下，易于观察他。

刘备身在许都，寄居于曹操的眼皮底下，何尝不知曹操的用心，这时只得表面收敛自己，不露锋芒，深居简出，对任何有关政治的问题漠不关心，不显露自己有什么宏图，有时还在菜园里种菜，把自己打扮成凡夫俗子，以免曹操对自己有疑心和戒心。

但曹操又是何等精明，他哪能被刘备刻意制造的假象所迷惑。他深知刘备不是一般的人物，一心要谋图大业，笼络人心，与自己对抗，因此绝不能对他放松警惕，必须采取两手策略：表面恭敬客套，暗里时刻提防。

有一次，曹操拉着刘备在家中饮宴，好酒喝到兴头上，曹操很从容又是很突然地对刘备说："今天下英雄，惟使君与操耳！本初之徒，不足数也。"这几句话，是《三国志·蜀书·先主传》原文，用白话可译为："现在天下的英雄，只有你和我曹操了。袁本初（袁绍）一类的人，是不算数的。"谁想这句话一出，刘备大吃一惊，甚至惊恐到手中的筷子掉落在地上。因为刘备意识到曹操识破了自己的伪饰，把自己看成他的对手，这是非常危险的。

曹操对刘备的失态也感到意外。但刘备急中生智，借当时突发的响雷，对曹操说："圣人说过，'迅雷风烈必变'，的确是这样。一震之威，竟使我这样。"

这件事在《三国演义》中，专有一回："曹操煮酒论英雄"，对《三国志》中记载的曹操与刘备论英雄，做了许多铺垫和加工。比如，双方在讨论英雄问题时，曹操对刘备说："玄德久历四方，必知当世英雄。请试指言之。"而刘备把自己装成肉眼凡胎，说了一句："备肉眼安识英雄？"曹操说："休得过谦。"刘备开始假心假意地提问当今的英雄："淮南袁术，兵粮足备，可为英雄？"曹操笑答说："他如坟墓中的枯骨，吾早晚必擒之。"

刘备又提问："河北袁绍，四世三公，门多故吏，今虎据冀州之地，部下能事者极多，可为英雄？"曹操笑曰："袁绍色厉胆薄，好谋无断，干大事而惜身，见小利而忘命，非英雄也。"刘备又提了刘表等多人，曹操都做了否定回答。曹操说："夫英雄者，胸怀大智，腹有良谋，有包藏宇宙之机，吞吐天地之志者也。"刘备又问，那么谁能成为英雄？曹操说："现在天下英雄，只能是你和我曹操了。"曹操这话一出，刘备非常惊恐，手中的筷子落地，急忙以惊雷掩饰。但以曹操的精明，眼睛的锐利，刘备的心理状态是瞒不过他的。

此后，刘备在曹操这里，更是如坐针毡，日夜不安。

青梅煮酒论英雄这出戏，埋藏着几个有趣的问题。曹操从哪些方面看出刘备是英雄？曹操的眼光当然是尖锐的，也有很强的识别力。他看到，刘备虽然出身卑微，但有远大理想。刘备那么多年到处奔波，寄人篱下，但他永不放弃雄心大志，曹操因此更看重他。刘备善于笼络民心，因而百姓愿意追随他。刘备有一个能力出众的文武人才队伍，忠心耿耿地为他出力。刘备又是汉皇室后裔，是汉献帝的皇叔，在政治上有一定的感召力。刘备所有这些因素，是当时任何人都不具备的。曹操认为刘备是一个有英雄之志、有英雄之气、有英雄之魂的可怕对手。因此曹操对刘备特别另眼看待。

那么曹操为什么在这个时候点出刘备是英雄？是暗示刘备不

要再伪装了，还是试探刘备的反应，还是火力侦察？反正曹操是有心计的。

那么刘备在举出袁术、袁绍等好多人是英雄时，为什么不提曹操也是英雄？刘备当时的思想是怎样活动的？难道在他的眼睛里真的看不出曹操是当代的英雄吗？这是不可能的。但他为什么不像曹操那样的坦率，直接挑明呢？唯一的解释就是他现在身居曹营，必须装糊涂。他东拉西扯，就是不提曹操是英雄，表现自己是一个庸俗不堪的人物，肉眼凡胎，不识谁是英雄。你曹操火力侦察也好，敲山震虎也好，我刘备就是装糊涂装到底，说明刘备这个人是很有城府的。

建安四年（199），袁术想从下邳的北方去青州，曹操准备派兵阻截他。这时的刘备非常机敏，主动提出承担这一军事任务，曹操便决定派刘备及朱灵等人前去。刘备便趁这个难得的机会迅速离开曹操，飞奔出走了。

刘备离开曹操以后，谋士程昱、郭嘉得知这一消息，认为曹操不应当放走刘备，放走刘备，以后会有很多麻烦。郭嘉的意图是，这时既不要杀刘备，也不要放走他，把他留在自己的眼皮底下，防范他，困住他，软禁他。那么曹操为什么放走刘备呢？当时曹操是怎样考虑的，很难令人琢磨。曹操也觉得在匆忙中是自己的一次失误，但现在已难于追回了。

刘备到下邳后，截击袁术，袁术不能通过，只得返回寿春

（今安徽寿县），不久病死。曹操命刘备返回许都，刘备哪里会再听从曹操的命令，刘备只让朱灵返回许都，自己占领了下邳，杀死徐州刺史车胄，留关羽驻守下邳，自己返回小沛。刘备这一系列动作，明显地与曹操直接对抗了。更为严重的是，刘备打起反抗曹操的大旗以后，有些郡县也脱离曹操，投奔刘备了，于是刘备声势大振，军队增加到几万人。他还派人联合袁绍，一起对抗曹操。刘备这些大的动作，不能不引起曹操的严重关切。

曹操分析现在的形势，刘备的反叛和兴起，会使自己面对袁绍腹背受敌，这是十分不利的。于是决定派部将刘岱等出兵进攻刘备，但是这一仗没有打好，刘岱败下阵来。刘备这时对刘岱口出狂言，像你这样的败将，就是来一百个，又能怎么样？就是曹操亲自来，胜负也未可知。可见这时的刘备有多么狂气了。

建安五年（200）正月，董承受献帝密诏谋杀曹操的事败露，参与谋杀者很多被曹操处死。刘备也是参与者，独有他还活着，而且正在兴风作浪，已成曹操的后顾之忧。因此曹操决定除掉他，于是曹操派兵进攻刘备。

对曹操出兵攻打刘备，诸将很不理解。认为同我们争天下的是袁绍，现在东征刘备，袁绍抄我们的后路怎么办？

曹操对诸将说："刘备是一个英雄豪杰，现在不打败他，将来必成为我们的后患。袁绍虽有大志，但对形势反应迟慢，他一定不会很快采取行动的。"

谋士郭嘉也赞同曹操的意见，认为："袁绍的性格迟缓而多疑，就是他前来攻打，也不会那么快；而刘备刚起兵反叛，众心还未完全归服，这时急速出兵攻击他，他必然失败。这是存亡之机，绝不可失。"

曹操得到郭嘉的有力支持，信心更足了。他立即率兵，像一支冷箭一样，迅速逼近刘备的驻地。

此时的刘备还在得意的睡梦中。顺利地逃脱曹操的掌控，是他一次意外的胜利。他认为当前的形势，曹操正面临袁绍大军的对峙，是不敢东顾自己的。可是当他得知曹操亲率军队逼近自己时，不但感到十分意外，而且非常惊慌，自知难以抵挡，便丢下一切，弃众而逃，其部下，甚至夫人，都成为曹操的俘虏。曹操又乘势围攻驻防下邳的关羽，关羽自知难以孤身抵挡，只得投降曹操。刘备狼狈地投靠袁绍。

曹操出其不意地打胜这一仗，既打击了这位羽翼尚未丰满、未来必成后患的当世英雄刘备，也免除了两面受敌的危险。正如曹操和谋士的预见，袁绍并没有乘曹操东征刘备而袭其后方，曹操的战机把握得相当准确，出其不意的战术运用得十分成功。

与刘备煮酒论英雄，是曹操对刘备将来发展的预言，刘备将来必成为独霸一方的英雄。以后证明，赤壁之战以后，形成魏蜀吴三方鼎立的局面，而蜀国则以刘备为领袖，以后还做了蜀国皇帝。

与关羽的一段私情

　　关羽本是刘备的结义兄弟，却与为敌的曹操有过一段亲密的关系。

　　《三国志·蜀书》中有关羽传。关羽，字云长，河东解县（今山西运城）人。因事逃亡到涿郡，他与张飞在刘备的家乡涿郡结识后，关羽和张飞就成为刘备的左右手，关系十分密切，三人寝则同床，恩若兄弟。在正史中没有《三国演义》"宴桃园豪杰三结义"，但从三人关系之亲密，说三人是把兄弟也不为过。后来，刘备令关羽守下邳城，行太守事。再后来，刘备叫关羽镇守战略要地荆州。

　　《三国志》说"关羽张飞，皆称万人之敌，为世虎臣"。关羽的确英勇善战，为刘备立下汗马功劳，是刘备集团中的重要人物。他性格坚毅，忠友重义，在刘备情感中占有极重要的位置。但关羽缺乏政治头脑，不理解刘备和诸葛亮制定的联吴抗曹的战略方针。他平时居功自傲，常以老二自居。

建安五年（200），曹操突然进攻刘备，刘备惊慌地丢下妻子众人，投奔袁绍。曹操又进攻驻守在下邳的关羽，关羽自知孤军难敌，于是投降了曹操。

关羽素以武艺超群闻名，他挥舞的青龙偃月刀，攻必克，战必胜，这时好像全无用武之余地，他既没有冲杀突围，也没有死拼到底，竟自叹孤军难敌，举手投降了，大大有失关羽的水准。据《三国演义》解释，关羽当时投降提出三个条件：一、降汉不降曹；二、保护好二位嫂夫人；三、但知刘皇叔去向，不管千里万里，便当辞去。曹操答应了这三个条件，于是关羽投降曹操。这种说法正史无据，唯一的推断是，关羽这时以保全自己为上，留有用之身，以图他日再与刘备相见。

曹操对关羽的投降，十分敬重，敬重他有情义，敬重他武艺超群，立即拜为偏将军。而且对他超规格的礼遇。据《三国演义》描述，曹操对关公接待之殷勤、之周到、之热情、规格之高，可谓无以复加。曹操专拨一府予关公居住，在关公归降的次日，设大宴，会群臣，以客礼待关公，延之上座。又送去绫锦及金银器皿，平日，三日一小宴，五日一大宴。又送去美女十人，使之服侍关公，关公把这些美女送给二位嫂嫂，令她们服务二

人。一日，曹操见关公穿的绿锦战袍已破旧，特别为他量身定做一件新战袍，亲自赠予他。又一日，曹操见关公的战马已瘦弱，便把日行千里的赤兔马赠予关公，关公拜谢受之。

曹操对关羽的这些深情厚待，虽然都是《三国演义》中的描述，具体情况，无正史可查。但正史说"礼之甚厚"，因此这些具体描述，也在情理之中，故在这里引用之。

曹操对这位降将为什么这样隆重地、深情地、无微不至地对待？

其原因不外有二。其一，曹操爱才，也爱将。关羽是一个勇冠三军无敌手的大将军，曹操不但敬服，而且深爱之。其二，刘备是曹操极为重要的敌对力量，而关羽又是刘备不可缺少的重要人物，挖掉这个人物，会极大地削弱刘备的军事实力，使刘备难以与曹操争雄。因此，曹操非常在意关羽在这里的去和留，从曹操的细心观察，虽然他如此厚待关羽，但关羽仍无久留之意。于是曹操对其部将张辽说："你用试探的口气，问关羽是否有意留下。"于是张辽到关羽那里，转弯抹角地探询关羽在这里有无久留之意。关羽叹口气说："我非常知道曹公待我很优厚，然而我受刘将军的厚恩，誓以共死，不可背之。虽然我不会留在这里，但是，我要立功报效曹公之后，才离开这里。"张辽明白关羽还是不愿留在曹公这里。

据《三国志·蜀书·关羽传》裴松之注引《傅子》一书中说，

张辽想把关羽的话原原本本地转告曹公，又怕曹公杀了关羽，不告诉又不是事君之道。张辽叹口气自言自语地说："曹公与我是君父的关系；而我与关羽是兄弟。"于是便把关羽的原话告诉了曹公。曹操深有感叹地说："侍奉君主不忘自己的根本，是天下的义士。估计他何时离去呢？"张辽说："关羽受了公恩，必定在立功报效恩公之后才离开。"

在曹操打败刘备之后，刘备惊慌地丢妻弃子投奔袁绍，袁绍和刘备便成为一条战线的伙伴。在官渡大战前夕，袁绍派大将颜良渡过黄河，包围白马（今河南滑县东），对白马进行猛烈的攻击。曹操在情况十分危急的情况下，派关羽和张辽与之交战。关羽策马横刀，在众目睽睽之下，把大将颜良斩于马下。袁绍诸将吓得目瞪口呆，不敢再战斗下去，从而解了白马之围。曹操为表彰关羽立下的大功，上表献帝，封关羽为汉寿亭侯。

关羽为曹操立了大功，报答了曹操对他的知遇之恩。曹操知道此时关羽必然要离去，于是又重加赏赐。

关羽把曹操所赏赐的东西原封不动地封存好，留在原处。即《三国演义》说的，封金挂印，退还曹操，以示一尘不染。但曹操赐给他的绿锦战袍，关羽还是穿在身上；曹操赐给他的赤兔马，关羽非常喜爱，也接受了，成为自己的坐骑；曹操表奏朝廷，封他为汉寿亭侯，这顶大帽子关羽也戴上了。看起来，关羽对曹操的赐予，不是一概不受，因此，他与曹操的恩怨是说不清

道不明的。关羽留下一封告辞信,带着两位嫂夫人离开曹操,奔向刘备在袁绍的军营。

《三国演义》第二十七回有"美髯公千里走单骑,汉寿侯五关斩六将"一说,罗贯中绘声绘色地描绘关羽过五关斩六将的英勇与忠义,但无史实依据,纯是罗贯中演义出来的。

曹操的左右要追赶离去的关羽,曹操说:"他是各为其主,不要去追。"

关羽是以忠义闻名的,但他投降曹操,他的"忠义"便成了问题。《三国演义》说他投降的条件是"降汉不降曹",这是打马虎眼,曹操是汉相,握有汉朝实权。汉献帝不过是一个牌位。说降汉不降曹,明眼人一看就知这是偷梁换柱。他为活命保存实力,玩了一个"曲线救国"的把戏。关羽进入曹营后,他虽是雄壮威猛、万人无敌的猛将,但对曹操毫无反抗之意,反而对曹操高规格的款待,温情的赠送,拜为偏将军,感恩不尽,竟动起有恩必报的大义情感,为曹操杀了袁绍一员大将颜良,解白马之围而立大功。看起来,关羽的忠义是敌我不分的。关羽把"忠义"二字"活学活用"到这个地步,实在是一个悲哀。但后人为他开脱,说他"人在曹营心在汉",其实越描越黑。

在京剧《忠义千秋》中,把关羽描绘成忠义无双的化身,甚至张飞责怪他投降曹操,不仁不义,不认这位红脸的二哥。关羽记恨在心,对张飞不依不饶,甚至张飞跪在他的面前,他仍不谅解。直至大哥刘备劝说，他才饶了张飞。看起来，这位降曹的关羽，非常自负。京剧把关羽塑造为千秋万代的忠义英雄，但降曹与忠义又怎能说得圆呢？！无论怎么说，关羽投降曹操，并为之立了大功，在忠义的金字招牌上也是一大污点。后人把关羽尊为武圣人，与文圣人孔子摆在同一行列，那更是令人不可思议了。

而从曹操对待关羽的过程看，曹操对这位武艺超群的降将，可谓费尽心机用各种优待办法拉拢关羽，想取得关羽的心。但关羽始终没有留曹之意，只有报答曹操厚恩之情。当关羽斩颜良报答曹操之后，曹操给关羽戴上一顶汉寿亭侯的大帽子，仍然希望关羽回心转意留下来。但关羽还是要投奔刘备，这时的曹操既不派人追他，更不想杀他，而是成全其追随旧主刘备的行为，在曹操看来，这也是忠义的行为。曹操的这种大度、广阔的胸怀、尊重关羽的选择，也是值得称赞的。无怪裴松之称赞曹操，如果没有王霸的气度，谁能达到这个地步呢？这实在是曹公的美德。

在《三国演义》中，曹操送给关羽十名美女，关羽原封不动地把十名美女送到甘、糜二位嫂夫人那里，表明自己不近女色，不上曹操的圈套。但关羽毕竟是一个有血有肉的男人，对美女不是没有追求。在《三国志·蜀书·关羽传》中，裴松之引注《蜀记》一书说，在当年曹操与刘备合围吕布于下邳时，吕布派秦宜禄出城求救，秦宜禄貌美的娇妻留在家里，关羽听说秦宜禄之妻貌美出众，请求曹操把秦宜禄之妻许给自己。及至下邳城攻破，

关羽多次向曹操提及此事，这就引起了曹操的注意了，派人了解，知道秦宜禄之妻的确貌美动人，曹操本来就是好色成性，于是抢先将秦妻留给自己享受了。这一下惹怒了关羽，从此关羽有杀曹操之心。有一次，刘备和曹操共同打猎，关羽想趁机杀曹操，刘备断然制止。关羽对曹操虽然有夺美人之恨，但他在最后还是投降了曹操。

在《三国演义》第五十回，还有"关云长义释曹操"一事，讲的是曹操在赤壁兵败之后，匆忙逃走，在进入华容道时，竟遇见关羽，关羽手提青龙偃月刀，身跨赤兔马，截住曹操的去路。曹操与关羽展开一次意味深长的对话，曹操以昔日之情之恩感动关羽，关羽又是一个重情重义的人，想起当日曹操的许多恩义，感动于心，于是网开一面，放了曹操。在《三国演义》中，这一段写得十分委婉生动，在正史中虽然有曹操败走华容道的记载，但诸葛亮没有派关羽去华容道拦截曹操，此事又是罗贯中演义出来的。

历史是发展变化的，人物的关系也发生了变化。建安二十四年（219），刘备为汉中王，升关羽为前将军。就在这一年，关羽率领军队包围曹操大将曹仁于樊城（今湖北襄阳）。曹操命令左将军于禁和立义将军庞德领兵救助曹仁。当时正值秋季大雨，汉水猛涨，于禁所率领的军队皆被淹没，关羽乘大船因水势攻击于禁，于禁被迫投降关羽，庞德也为关羽所获，庞德大骂关羽，关羽便把庞德杀了。又加上其他原因，此时的关羽威势大振。曹操甚至想把许都迁到他处，以避其锋。在此关键时刻，官居丞相军司马的司马懿和西曹属蒋济建议曹操，现在刘备与孙权之间的关系，外亲而内疏，关羽得志，孙权一定不高兴。可以利用孙权与刘备的矛盾，以割江南地为条件，劝孙权袭击关羽的后方，樊城的包围就自然解除了。曹操采纳了这一建议，就在这一年，孙权派吕蒙趁关羽在樊城作战之机，袭击了荆州。关羽的后方空虚，再加上关羽平时对待下属骄慢而寡恩，荆州守城江陵的将士皆无斗志，不战而降。关羽听到这一惊人的消息，急忙从樊城赶回，可是他的将士已经毫无战斗意志，关羽自知孤立无助，便向西退守麦城（今湖北当阳东南），孙权派兵切断了关羽的去路。十二月，孙权的部将便在章乡（今湖北当阳东北）擒获了关羽和他的儿子关平，孙权毫不留情地杀了关羽父子，又占领了荆州。

曹操利用孙权与刘备的矛盾，联合吴将袭击关羽占领的荆州，最后俘虏关羽，杀了关羽。曹操与关羽的关系竟是如此下场。

但关羽死后，《三国演义》第七十七回，写了一段"玉泉山关公显圣，洛阳城曹操感神"，说关公死后，在玉泉山（今湖北当阳境内）显圣护民，乡人感其德，就在山顶上建庙，四时致祭。这就为神化关羽打下了基础。

这一回又说，孙权既杀了关羽，又尽收荆襄之地。但张昭对

孙权说："主公损了关公父子，江东祸不远矣。此人与刘备桃园结义之时，誓同生死。今刘备已有两川之兵，更兼诸葛亮之谋，张（飞）、黄（忠）、马（超）、赵（云）之勇；备若知云长父子遇害，必起倾国之兵，奋力报仇，恐东吴难与敌也。"孙权闻之大惊。张昭说："主公勿忧，某有一计。"孙权问何计？张昭说："今曹操拥百万之众，虎视华夏，刘备急于报仇，必与曹操约和。若二处连兵而来，东吴危矣。不如先遣人将关公首级，转送与曹操，明教刘备知是曹操之所使，必痛恨于操，西蜀之兵，不向吴而向魏矣。"孙权听从张昭的话，遂遣使者以木匣盛关公首级，星夜送与曹操。曹操闻东吴送关公首级至，喜曰："云长已死，吾夜眠贴席矣。"但主簿司马懿说："此乃东吴移祸之计也。"曹操问其缘故。司马懿说："昔刘、关、张三人桃园结义之时，誓同生死。今东吴害了关公，惧其复仇，故将首级献与大王。使刘备迁怒大王，不攻吴而攻魏。"曹操认为司马懿说的有道理，我们该如何对待？司马懿说："大王可将关公首级，刻一香木之躯以配之，葬以大臣之礼，刘备知之，必深恨孙权，尽力南征。我却观其胜负。"曹操大喜，从其计，操遂设牲醴祭祀，刻沉香木为躯，以王侯之礼，葬于洛阳南门外，令大小官员送殡，曹操亲自拜祭。赠为荆王，差官守墓。并遣吴使返回江东。曹操对关羽这一安排，果然成功，使刘备伐吴而不伐魏。

这一故事，正史无根据但是也有点影子，《三国志》卷三十六，在《关羽传》中的附注，记有《吴历》，书曰："权送羽首于曹公，以诸侯礼葬其尸骸。"罗贯中可能根据这个影子，把故事编得极为圆满生动，却是罗贯中妙笔杜撰出来的。

关羽之死所引起的后果是十分严重的，不仅使刘备阵营失去一员难以匹敌的大将，也使刘备痛心地失去了终生结义的兄弟。从而使刘备丧失了理智，不顾孙刘联盟之大局，决定为关羽报仇，与东吴开战，于是亲自率领大军，夷陵一战而败北，损失惨重，刘备退至白帝城，悲愤交加，一病不起，最后离开了人世。

战袁绍官渡大胜

　　曹操与袁绍的恩怨，在前面多章节已有论述，在此不再赘述，仅从官渡之战前夕加以介绍。

　　在大战前，袁绍曾有拉拢曹操的想法，派去说客，表示愿意与曹操继续保持联盟关系，但又提出一个条件，曹操必须把家属送至冀州治所的邺城（今河北临漳西南邺镇）居住，实际是把曹操的家属作为人质。此时的曹操面临诸多困难，与吕布之战并不顺手，再加上灾荒严重，军粮发生断炊，一些士兵因饥饿而逃离军队。曹操认为这时与袁绍保持一定的联盟关系也是一时的缓冲，打算答应袁绍。

　　但是，谋士程昱劝阻曹操："袁绍虽有吞并天下的野心，但他的智谋和才能难以成功。将军估量一下，能甘心在他手下吗？

现在我们还有战士一万余人，将军又是这样的神武，还有一些谋士辅佐，霸王之业是能够实现的，请您深思之。"

曹操听从程昱的话拒绝了袁绍的要求。

袁绍在北伐公孙瓒以后，为实现野心，积极部署军队，决定与曹操决一雌雄。

曹操的实力虽然不敌袁绍，但也时刻准备着对抗袁绍。曹操问荀彧如何能够强大自己的实力，荀彧说："自古战争的成败，完全靠有才能的人。有了能人，由弱可以变强；没有能人，由强可以变弱。刘邦和项羽的存亡，足以证明这个道理。现在与您争天下的人，只有袁绍而已。而袁绍这个人，貌似宽容，而内心苛刻，任人而又疑其心；而您豁达不拘小节，用人唯才，说明在肚量上已胜过袁绍。袁绍处事迟缓，往往失去先机；而您能断大事，随机应变，说明您在谋略上胜过袁绍。袁绍治军不严，法令不行，士卒虽多，其实难用；而您法令严明，赏罚必行，士卒虽少，都争先效力，不畏死亡，说明您在用兵上胜过袁绍。袁绍凭借世代门第，装模作样地好像才智过人，以博取名誉，因此那些不学无术、图好虚名的士人都依附他；而您以至仁待人，推心置腹，不务虚美，克勤克俭，赏赐有功的人毫不吝惜，因此，天下忠诚正直、有真才实学的士人都愿意为您所用，这说明您在品德方面胜过袁绍。有以上四个方面的优势，辅佐天子，扶持正义，讨伐不臣，谁敢不从。袁绍虽强，又有何用？"曹操听了荀彧的

这些话，非常高兴。

谋士郭嘉也对曹操说："刘邦之胜，项羽之败，您是知道的。刘邦靠的是智胜，项羽虽强，终为刘邦所败。依我看，袁绍有十败，您有十胜。袁绍兵力虽然强大，但也不能成功。"于是郭嘉向曹操讲了袁绍如何十败，曹操又如何十胜。

第一，袁绍讲究礼仪繁多；而您主张体现自然，这是在处世之道上胜过他。

第二，袁绍身为臣子起兵，便是叛逆；而您奉天子以率天下，这是在道义上胜过他。

第三，自从桓帝、灵帝以来，政令松弛，而袁绍却用松弛的办法补救松弛，因此缺乏法纪；而您用严法纠正松弛，使官员都遵守法纪，这是在治理上胜过他。

第四，袁绍外表宽厚而内心猜忌，用人多疑，只信任亲戚子弟；而您外表平易近人，内心机敏豁达，用人不疑，不论远近亲疏，只看才干，这是在气度上胜过他。

第五，袁绍计谋多而不善决断，往往错过时机；而您决定的策略，立即执行，善于应对各种变化，这是在谋略上胜过他。

第六，袁绍喜欢高谈阔论，专横跋扈，沽名钓誉，因此那些夸夸其谈、华而不实的士人多去投奔他；而您以诚待人，不虚情假意，因而有远见之士和有真才实学的人都愿意为您效力，这是在品德上胜过他。

第七，袁绍看到饥寒交迫的人，怜悯之情便在脸上显露出来，可是对于那些他看不到的穷苦人，他就很少考虑了，这就是所谓的妇人之仁；而您对于眼前的小事，经常忽略不问，至于大事，与天下各地的交往，所施与的恩惠，常常出乎意料，即使那些眼睛看不到的大事，考虑得也十分周全，这是在仁义上胜过他。

第八，袁绍的属下争权夺利，互相挑拨诽谤，惑乱视听；而您对下属的管理有章法，所以那些挑拨诽谤的事行不通，这是在明智上胜过他。

第九，袁绍遇事是非不明；而您对是，进之以礼，对非，正之以法，这是在文治上胜过他。

第十，袁绍喜欢虚张声势，不知用兵的要领；而您用兵以少胜多，用兵如神，军人信之，敌人畏之，这就是在武功上胜过他。

郭嘉讲的曹操与袁绍的十胜十败的对比，在《资治通鉴》第六十二卷有记载，《三国志·魏书·郭嘉传》亦有大同小异的记载。

荀彧讲的曹操有四胜和郭嘉讲的曹操有十胜，虽然多少有点溢美，但基本符合事实；荀彧所讲的袁绍有四败和郭嘉所讲的袁绍有十败，虽然多少有点贬损，但也基本符合事实。

两位谋士对曹操和袁绍的对比、精彩分析，对曹操是个极大鼓舞，大大地增加了曹操对战胜袁绍的信心。曹操虽然谦虚地说

了一句"我何德受此褒奖",实际笑而纳之。

建安二年（197），献帝下诏，任命袁绍为大将军，兼管冀州、青州、幽州、并州四州的军务。袁绍占有的四州，地广粮足，资源丰富，在军事上有强大的物质保证。而曹操据有的兖、豫二州，特别是兖州地域比较小。显然，曹操所领的地域和生产的物资远比袁绍差得多，但曹操并未因此失去战胜袁绍的信心。

建安四年（199），袁绍挑选精兵十万，良马万匹，打算南攻曹操。但是袁绍手下的谋士对如此举动，意见很不一致。沮授不主张现在出兵，认为当前应当发展农业生产，使百姓休养生息。同时派遣使者把消灭公孙瓒的捷报呈报献帝，如果捷报不能上达天子，再上表谴责曹操，告他阻断我们与天子的联系，在道义上胜过他。然后出兵进驻黎阳（今河南浚县东北），逐渐向黄河以南发展。同时多造战船，整修武器，分派精锐的骑兵，骚扰曹操的边境，使他日夜不得安宁，而我们则以逸待劳，这样，我们就可以逐步统一全国了。沮授这种充实后方、分兵骚扰、消耗其实力以拖垮曹操的政策，没有得到审配、郭图二位谋士的支持，他们主张立即出兵，对袁绍说："以您用兵如神的谋略，统率北方的强兵，去讨伐曹操，易如反掌，何必那样费事？"于是双方展开激烈的论争。最后袁绍采用了审配、郭图的意见，立即出兵进攻曹操。

　　袁绍要出兵南攻曹操的消息传到许都，在曹操的军营里立即造成一种慌乱氛围，认为很难与袁绍的强大力量对抗。可是曹操这时十分沉稳，胸有成竹，满怀信心，他坚定地对诸将说："我了解袁绍这个人，志向很大，但才智短浅；外表威严，而内心胆怯；猜忌刻薄，而缺少威信；人马虽多，而调度无方；将领骄横，而政令不一。他的土地虽然广大，粮食虽然充足，这些正好是为我们准备的。"曹操对袁绍这种认识和分析，不但十分准确，而且十分深刻。因为他们两人从少年时就在一起折腾，以后一路走来，磕磕绊绊，互相较劲，各为自己的利益和发展，从未停止过争斗，曹操正是在斗争中认识袁绍的性格和本质的。曹操面对诸将，把袁绍的问题摆出来，既可以消除军中对袁绍的恐惧，又鼓舞了将士的斗志，大大地增强了战胜袁绍的决心和信心。

　　但曹操手下的名士孔融表示怀疑，他向谋士荀彧说："袁绍地广兵强，有田丰、许攸这样的智士为他出谋划策；又有审配、逢纪这样忠实的部下为他办事；还有颜良、文丑这样的勇将为他统领兵马。我们和他较量，恐怕难以取胜吧！"

　　荀彧对孔融提出的问题做了具体分析，认为"袁绍的兵马虽多，但法纪不严；谋士田丰性格刚直，经常冒犯袁绍；许攸贪财，治理无方；审配专横，没有谋略；逢纪专断，自以为是。这几个人，势必不能相容，一定发生内讧。至于颜良、文丑不过匹

夫之勇，一交手就可以把他们捉住"。荀彧对袁绍手下的文官武将看得清清楚楚，可谓劣迹斑斑，弱点突出。他们虽然地广粮足兵多，但不足以畏惧。荀彧对袁绍下属的这种分析，反驳了孔融的疑虑，坚定了曹操战胜袁绍的信心。

建安五年（200）初，曹操与袁绍为争夺中原地区的官渡大战拉开了序幕。

正月，曹操东征刘备，刘备恐慌败走，投奔袁绍。而关羽投降了曹操。曹操接着进驻易守难攻的官渡（今河南中牟东北），严阵以待。

袁绍为制造进攻曹操的舆论，大张声势。命主簿陈琳写了一篇讨伐曹操的檄文。这篇檄文，对曹操在政治上、人品上，甚至祖宗三代都进行了尖锐的、刻薄的、无情的攻击和谩骂，可谓煽动性极强，目的是使对方广大军民憎恨曹操，厌恶曹操，抛弃曹操。

二月，袁绍进军黎阳，以黎阳为大本营，派大将颜良等人渡过黄河，包围白马（今河南滑县东）。谋士沮授劝袁绍："颜良性急躁，遇事不沉稳，虽勇武可嘉，但不能让他独当一面。"袁绍听不进去，仍然让颜良担任进攻白马的主将。

颜良对白马展开猛烈的进攻。这时曹操的军队只有两万人，双方力量对比极为悬殊，曹操不敢直接对阵，面对面厮杀。荀彧建议曹操可以采取声东击西的战术。四月，曹操分出一部分军队，从官渡到延津（今河南延津北），摆出要北渡黄河向袁绍后方袭击的架势。袁绍得到这一信息，果然急速派兵阻截。曹操见袁绍中计，于是争分夺秒，迅速袭击白马。

这时，在下邳被俘的关羽正在曹操军中，曹操重其才，敬其义，待之特别优厚。而关羽感于曹操的厚爱，也寻找机会报答。这次出兵白马，曹操派关羽、张辽出击，关羽快马加鞭，以迅雷不及掩耳之势出击斩袁绍大将颜良于马下。关羽的威力震惊了袁军，纷纷溃逃，一败涂地，曹军凯旋。解除白马之围后，曹操并没有死守白马，因为这个地方没有重要的战略意义，于是迁徙城中百姓随军沿着黄河往西撤退。

袁绍在白马战败，又损失一员大将，心不甘，气不顺，于是命令军队渡过黄河追击曹操，一直追到延津以南。

曹操见袁军的追击来势汹汹，他既不急也不慌，非常冷静，他命令部队停止前进，在白马山的南坡安驻营寨，并派人登山瞭望袁军活动的情况，随时报告。第一次报告说："估计有五六百骑兵追上来。"曹操一言未发。不一会儿，又报告："骑兵稍多，步兵不可胜数。"曹操立即表示，不用报告了。于是命令骑兵，解下马鞍，放任马匹自由活动，摆出一副毫无防备、松散的样子。同时，把从白马缴获的军用物资随便丢在道上。许多士兵不知这是怎么回事，诸将认为敌方骑兵那么多，我们这个样子，不如撤回严守营寨。但曹操的用心瞒不过谋士荀攸，荀攸说："这

正是引诱敌人上钩的妙计，此时如何能够撤回呢？"

这时，袁绍的大将文丑和刘备带领五六千骑兵先后赶到。曹军诸将请求上马迎敌，曹操却认为还不到时候。不大工夫，袁军骑兵越来越多，看见道上遗弃的军用物资，上去就乱抢乱夺，队伍顿时大乱。曹操见时机已到，迅速命令，立即上马。诸军纵身跃马，此时的骑兵虽然不满六百，但从高坡上直冲下来，十分迅猛，左冲右突，斩大将文丑于马下。袁军大败，溃不成军。

曹操连续斩杀袁绍的两员大将颜良与文丑，袁军士气低迷，而曹军士气大振。曹操趁势南下官渡，伺机攻破袁绍军队。

这时的袁绍主力，已进到官渡北面的阳武（今河南原阳东南），逐渐接近官渡，其军营东西长数十里，拉开架势要与曹操决一死战。

曹操在敌众我寡的不利形势下，采取积极防御策略，没有和袁军硬碰硬。因此双方在官渡相持好长时间。这时，曹操的军粮已经很少了，几乎难以为继，曹操想放弃官渡，退守许都。于是给留守在许都的荀彧写去一封信，征求他对此事的意见。

荀彧回信认为"袁绍用大量军队聚结官渡，要和您决定胜败。您以至弱抵挡至强，如果不能战胜他，必为他所控制，这是关系天下全局最重要的关键。况且袁绍这个人，在他周围虽然有一些有才能的人，但他不能用。可是您以神武明哲之威，顺应形势，所向无敌，没有不成功的"。荀彧劝曹操不能撤军，只要坚持下去，必能取得胜利。谋士贾诩也主张曹操坚持下去，曹操听从了他们的意见。

十月间，曹操发现袁绍的数千辆运粮车正在缓缓行进，曹操立即派徐晃、史涣率领军队进行截击，把所有的粮食和运粮车全烧了，使袁绍的后勤补给受到重大损失。

袁绍只得重新起运粮食。接受上次教训，这次他派淳于琼等五人率军万余人护送万余车粮食，并把粮食集中囤积在袁绍官渡大营北面四十里的故市（今河南荥阳东北）、乌巢（今河南延津东南）。沮授建议袁绍："可派将军蒋奇带一支部队驻守在淳于琼外侧，形成掎角之势，以防止曹军前来偷袭。"袁绍虽然接受了上次运粮的教训，但他再一次没有接受沮授的建议——由此可见他思想僵化，十分固执。

此时，谋士许攸又向袁绍提出另一个建议："现在曹操集中全军的力量与我军对峙，许都只留守很少兵力，如果我们派出一支轻骑兵，迅速袭击，一定能够成功。攻下许都，就可以奉天子讨伐曹操，曹操被我们擒拿也就不成问题了。即使许都攻不下来，也会使曹军首尾不能相顾，疲于奔命，为我们战胜曹操创造有利条件。"大将张郃也认为许攸的建议很好，建议袁绍秘密地派一支轻骑兵，包抄曹操的南边。

许攸这一避实就虚的战术，本来是战胜曹操的一步好棋，当时袁绍兵多将广，完全有能力这样做。但袁绍不听许攸的计谋，

非常轻率而又自负地说了一句："我一定在这里把曹操捉住。"

许攸比较爱财，袁绍在这方面不能满足他，心里本来就不高兴，再加上他向袁绍所提的建议都遭到漠视，心里更不痛快，越来越感到在袁绍这里没有发展前途，于是毅然离开袁绍，投奔了曹操。

在这关键时刻，曹操听说许攸离开袁绍投奔自己，惊喜得来不及穿鞋，光着脚就跑出来迎接许攸，一边拍着手，一边高声笑着说："子卿老远到我这里来，我的大事成功了。"许攸，字子远，曹操称他为"子卿"，带有亲昵的意思。

两人落座后，许攸开门见山地问曹操："袁绍兵力很强，你如何对付他？"曹操还没有回答，许攸又连珠炮似的问："军中还有多少粮食？"曹操非常机敏，又非常谨慎，他知道什么时候应当说真话，什么时候应当说假话，这是官场上的权谋。以当前情况，难以实话实说，因此他说："尚可支持一年。"许攸说："不对，你重新说。"曹操又说："可支持半年。"许攸有点不高兴了："足下不想打败袁绍吗？为什么不说实话呢。"曹操知道再也瞒不过许攸了，只得打个圆场："刚才我是开个玩笑，现在的粮食只能维持一个月。"许攸说："您孤军独守，外无救援，粮食又快用完了，已经到了非常危急的时候了。而袁绍有一万多车的军粮囤在故市、乌巢，袁军在此地又无严密的防守。您可以派一支精锐部队突袭他，把囤积在此地的粮食用大火全部烧毁，不出三日，袁绍必败。"

　　曹操听了许攸的建议，极为高兴，迅速行动，留曹洪、荀攸固守官渡大营，他亲自率领精锐的步兵和骑兵五千，连夜出发。为麻痹对方，队伍打着袁军的旗帜。为保持安静行军，士兵衔枚，马缚口。队伍趁夜抄偏僻小道向乌巢急速进发，每人抱一束干柴，路上如果碰到袁军，就说："袁公怕曹军从后侧袭击囤粮，派我们去乌巢加强防守。"袁军信以为真，不再怀疑了。这些虽然是一些小的细节，但如果出问题，就可能造成大祸，因此偷袭乌巢的每一细节，曹操考虑得都非常精细，可谓滴水不漏。

　　曹操的精锐部队顺利地到达乌巢，立即展开行动。干柴烈火，乌巢顿时火光冲天。袁军见乌巢起火，顿时惊慌失措，一片混乱。这时天已大亮，袁军守将淳于琼见曹军人数并不多，就在营外摆开阵势，救护燃烧的囤粮。曹操命令展开猛攻，淳于琼招架不住，只得退守营中，请求袁绍紧急派兵援救。

　　袁绍得知曹操袭击乌巢的消息，他没有立即派兵增援乌巢，反而认为这是趁虚攻击曹操大本营的最好时机，对儿子袁谭说："我们只要把曹操的大本营拿下，曹操就无处可归了。"于是派大将高览、张郃去攻打曹操在官渡的大本营。但张郃认为："曹操亲率精兵前去袭击乌巢，淳于琼必然抵挡不住，他们一败，粮食被毁，则大势去矣，我们应当赶快派兵救援乌巢。"

　　但谋士郭图支持袁绍，主张先攻打曹操大本营。

　　张郃又说："曹操营寨非常坚固，一定不能攻破。如果淳于琼等人被打败，我们这些人也就要成为俘虏了。"

　　袁绍仍然固执己见，他只派少数骑兵去援救乌巢，而派重兵去攻打官渡的曹操大本营。结果不出张郃所料，曹操大本营非常坚固，没有攻下来。这就使袁绍在两条战线上都陷入被动。

　　袁绍的援军到达乌巢后，曹操非常镇定，在他直接督战下，士兵奋勇拼杀，很快打败了袁军。斩杀了淳于琼等一批将领，烧光了一万多车囤粮，杀死了一千多名士兵，还把他们的鼻子割下，把马牛的舌头割下，并命令把割下来的这些东西抛给袁军，袁军将士看了，无不惊恐失色，已毫无斗志，完全溃败。

　　至此，袁绍在官渡和乌巢两条战线上都打了败仗，特别是乌巢，将士的死亡和粮食的被毁尤其严重，已引起军心动摇，上下涣散，丧失了战斗力。

　　谋士郭图见形势不妙，又因为支持袁绍攻打官渡没有成功，于心有愧，便向袁绍说了大将张郃的坏话，张郃一怒，拉着高览投降曹操了。这样一来，袁军上下更加恐慌，急剧崩溃。袁绍和他的儿子袁谭见形势急转直下，骑着快马，带着八百骑兵，渡过黄河，仓惶而逃。曹军追赶不及，缴获袁军大量辎重、图书和珍宝。投降的袁军士兵，曹操怕他们有反复，全部活埋。

　　这一仗，曹操先后杀死、活埋袁军将士七万多人。

曹操大胜袁绍以后，为袁绍献计而又经常不被袁绍采纳的谋士沮授，来不及跟随袁绍北渡黄河，被曹军擒获。他大喊大叫："我不是投降，是被你们俘虏的。"曹操爱其才，以礼相待，劝他投降，请他留下来，沮授便暂时留在曹营。

曹操对张郃来降，十分高兴。任命张郃为偏将军，封都亭侯。

官渡之战大胜袁绍，曹操立即向献帝上表报捷，历述袁绍之罪恶，官渡之战绩。

袁绍父子带着八百骑兵逃至黎阳，袁绍走进驻军将领蒋义渠的营寨，握着蒋义渠的手，十分伤感地说："我把性命托付给你了！"

建安七年（202）五月，袁绍忧愤而死。

官渡之战，袁绍拥有四州之地，物资粮食十分充足，兵力十余万。而曹操只有二州之地，物资粮食匮乏，兵力也不过数万。何以袁绍在官渡大败，曹操大胜？

战争是政治的延续，并不完全取决于当时势力的强弱。在政治上，曹操挟天子以令诸侯，他代表东汉王朝的皇帝，为了统一中国，讨伐当时最大的军阀势力袁绍，因此他出师有名。而袁绍对曹操挟天子以令诸侯深感不服气，长期耿耿于怀，始终想要消灭曹操，自己称霸天下，因此他兴兵不义，出师无名，使袁绍很自然地居于没有道义的位置。在政治上失利，在道义上失理，袁

绍虽然强势一时，力量大于曹操，但其结果一定是失败的。

曹操和袁绍两位主帅的能力、性格、智谋和指挥的优劣，也是战争胜负中极为重要的因素。荀彧说："纵观古今，成败在人不在势。"荀彧分析曹操有四胜，袁绍有四败。郭嘉一口气说曹操有十胜，袁绍有十败。这不是虚夸曹操，也不是贬损袁绍，而是对两人在长期斗争的实践中的观察和总结。曹操是善于统帅三军的帅才，而袁绍是一个徒有虚名而不会用兵的败将。曹操有此优势，袁绍有此劣势，战争的胜负也就可想而知了。

曹操在官渡之战的胜利，还在于曹操在战争的关键时刻善于抓住战机，出奇制胜，与突袭和摧毁袁绍在乌巢的军粮有直接关系。第一次，曹操截获袁绍数千车军粮，对袁绍是一个沉重打击。当许攸投奔曹操时，首先问曹操，粮食还有多少？说明许攸在此时已经把对军粮的关注放在战争胜负的首位。因此他为曹操献策，偷袭袁绍在乌巢囤积的万车军粮，不出三日，袁绍必败。曹操听取许攸的建议，亲率骑兵五千，偷袭乌巢，烧毁万车军粮，导致袁绍大败。粮食在战争中是一个重要因素，正如《孙子兵法·军争篇》所说："是故军无辎重则亡，无粮食则亡，无委积则亡。"曹操在注解这三句话时说："无此三者，亡之道也。"说明没有随军辎重、没有粮食接济、没有资材补充，军队就不能生存。这是战争胜负的一个关键问题，粮食没了，士兵怎么打仗。这也是官渡之战袁败曹胜的要害。

这是双方战略思想的对决。袁绍认为，曹操出兵乌巢，正是趁虚攻打曹操大本营的最好时机，因此他派轻兵救援乌巢，派重兵攻打曹操的大本营，不能说袁绍的想法没有战略意图，但他的战略思想是错误的，特别是碰到的对手是曹操。曹操比袁绍更有头脑，更有战略思想，曹操在率领轻骑攻打乌巢时，对后方大本营做了精心的安排，严加防守。袁军进军曹操的大本营时，曹操既不惊慌，也不回救。结果袁军对曹操的大本营的攻坚战最后以失败而告退。因此，在双方大战时，主帅战略思想的失误，指挥作战出了问题，是致命的。

曹操之胜，还在于善于听取谋士的意见。他在官渡之战中，先后听取了荀彧、郭嘉、荀攸、贾诩的意见，特别是最后听取了许攸的献策，迅速采取有力行动，在关键时刻发挥了决定性作用，取得重大胜利。与此相比，袁绍刚愎自用，固执己见。他的手下虽然也有不少谋士，谋士田丰喜欢提意见，他让田丰进牢房。沮授提出不少好意见，他让沮授坐冷板凳。许攸的话他听不进去，张郃的话他不感兴趣，最后许攸和张郃都投奔了曹操。特别是许攸来归曹操，对曹操取得战争的胜利具有决定意义。可见，曹操对谋士从善如流，帮助曹操成就了大事业。袁绍一再拒绝嘉言善语，因而他在官渡之战中一败涂地。

当然，在官渡之战前，曹操先后清除了会引起后顾之忧的一些势力，如吕布、张绣、袁术、陶谦等，对战争的胜利也起到了

保障的作用。

　　曹操取得官渡之战的最后胜利，其意义是重大的，为北方的统一奠定了重要基础。

远征乌桓，初定北方

东汉末年，盘踞在北方的乌桓趁天下战乱之机，攻破幽州，掳掠汉人十余万户。曹操在官渡大战取得胜利后，奠定了北方统一的大局。袁绍死后，他的两个儿子袁尚、袁熙投奔乌桓，以图再起。为彻底消除袁氏兄弟与乌桓勾结形成的隐患，曹操决定出兵北征乌桓。

乌桓，也称乌丸。据《后汉书·乌桓传》记载，乌桓本是东胡的一个部落，西汉初年被匈奴冒顿击垮，余部逃到乌桓山，因此名为乌桓。乌桓人善骑射，居无常处。其首领为大人。乌桓长期受匈奴的残酷压迫，每年要给匈奴贡献牛马和兽皮。西汉武帝时骠骑将军霍去病大败匈奴，将乌桓人迁徙到上谷（今河北怀来东南）、渔阳（今北京密云西南）、右北平（今河北丰润东

南）、辽西（今辽宁义县西）、辽东（今辽宁辽阳北）五郡塞外居住，朝廷设置护乌桓校尉一职，持节代表朝廷加以监护和管辖。献帝初平年间，蹋顿成为辽东、辽西、右北平三郡乌桓的首领。建安初年，袁绍与公孙瓒争战不休，蹋顿派使者到袁绍那里要求和亲，并帮助袁绍打败了公孙瓒。袁绍为了报答乌桓，假借皇帝的名义封蹋顿为乌桓单于，也封其他郡的大人为单于，并以宗亲之女当作自己女儿嫁给蹋顿为妻。由于袁绍与蹋顿有这种密切关系，因此袁绍的两个儿子逃到乌桓蹋顿那里也就不奇怪了。

曹操远途北征乌桓不是一件容易的事，特别是大量军用粮食和物资的运送不好解决。曹操接受董昭的建议，决定开凿平虏渠和泉水渠，导船入大海运送，这样就便捷多了。

建安十二年（207），曹操下《封功臣令》，封功臣二十余人为列侯，功臣欢天喜地。之后，曹操召集部下讨论北征乌桓的问题。但部将对北伐乌桓有疑虑，他们认为，袁氏兄弟不过是亡命之徒，乌桓又贪婪成性，六亲不认，岂能为袁尚所利用。如今深入远地讨伐乌桓，刘备必然劝说刘表来袭击许都，万一出事，后悔就来不及了。

但是，谋士郭嘉支持曹操北征乌桓，郭嘉说："曹公虽然威震天下，但乌桓倚仗离我们遥远，必然没有防备。我们可以趁其无备，突然袭击，这样就可以一举歼灭之。何况过去袁绍有恩于乌桓，现在袁氏兄弟又去到那里，对我们来说必然是个隐患。如果现在不去北征，将来袁尚得到乌桓的资助，再收拢一些追随他的人，成了气候，那时乌桓王蹋顿必然产生入侵我们的野心，恐怕青、冀二州就不为我们所有了。至于刘表这个人，不过是一个喜好清谈而无实际能力的人，他知道自己的才能不如刘备，委以刘备重任吧，又怕控制不了他；委以轻任吧，刘备又不愿为他所用。因此，刘表和刘备是有矛盾的，刘表不会听信刘备的建议。我们可以放心地用全部力量北征乌桓，曹公不必担忧。"郭嘉的分析很有说服力，坚定了曹操北伐乌桓的决心。

曹操在当年五月率领大军北征乌桓，到达易县（今河北雄县北），行军比较缓慢，郭嘉向曹操建议："兵贵神速，现在千里袭击乌桓，军队的辎重太多，不利于快速前进。一旦他们得知消息，必然用兵防备。不如留下辎重，轻军快速前进，出其不意，打他个措手不及。"曹操认为这个意见很好，于是轻兵疾进，很快到达无终（今天津蓟州区）。这时正是夏雨季节，阴雨连绵。到了七月，雨越下越大，滨海低洼地区，水多而又泥泞，给行军造成很大困难。乌桓又得知曹操进军的消息，在各要塞关口严加防卫，这样就使曹操的军队遇到难以前进的困难。就在一筹莫展的时刻，熟悉这个地区情况的无终人田畴向曹操献计，起了很大作用。

田畴对曹操说："现在走的这条路，很难通行，因为夏秋季节，这条路经常被大水淹没，水浅的地方不能通过车马，水深的

地方又不能通过舟船，这种困难局面已经很久了。但是还有一条
路可走，过去北平郡治所在平冈（今辽宁喀喇沁左翼蒙古族自治
县）时，从卢龙塞（今河北喜峰口）走出，即可到达柳城（今辽
宁朝阳），柳城是乌桓的大本营。但这条路年久失修，破坏严重，
可是我知道那里还有一条小路可走。现在乌桓以为我们的大军在
无终被阻，不能前进，他们必然放松防卫，我们从卢龙塞走小
路，趁其不备，突然袭击，蹋顿必被我们擒获。"

曹操认为田畴的主意很好，就以田畴为向导，大张旗鼓地撤
军，以麻痹敌人。并在路边竖起一个木牌，上边写着："方今暑夏，
道路不通，且待秋冬，乃复进军。"乌桓的士兵见了这个木牌，立
即报告蹋顿，蹋顿信以为真，就毫无戒备地过起太平日子了。

曹操大军在田畴的引导下，出卢龙塞，塞外道路不通，就下
令士兵凿山填谷五百多里，大军经过白檀（今河北宽城）、平冈
（今河北平泉），又经过鲜卑首领的驻地，往东直奔柳城。直到离
柳城二百里，乌桓才得到曹军进攻的消息。他们异常惊慌，袁
尚、袁熙与乌桓王蹋顿、辽西单于楼班、右北平单于乌延等率领
几万骑兵迎战曹军。

八月，曹操登上白狼山（今辽宁凌源东南），突然与乌桓军
相遇，而且敌军的人数很多。曹军的辎重还在后面，披铠甲的士
兵很少，在这种形势下，曹军都很恐慌。但曹操非常镇静，他站
在山的高处，遥望敌军列队不整，这显然是一个破绽。曹操当机

立断，以大将张辽为先锋，立即率领士兵猛烈冲杀，敌军措手不及，溃不成军，这一战不但杀死乌桓王蹋顿，还杀死将领多人，投降的士兵达二十多万。曹操这一仗打得非常机智、漂亮，说明曹操善于抓住战机，勇于调兵遣将，用兵如神，不愧是一位杰出的军事家。

乌桓军大败之后，乌桓辽东单于苏仆丸及辽西、右北平乌桓的首领丢下本族人，带领几千骑兵与袁尚、袁熙一起逃奔到辽东公孙康那里。

起初，辽东太守公孙康，倚仗自己居地遥远，不服从曹操的管辖。当曹操打败乌桓时，有人劝曹操趁机征伐辽东公孙康，这样袁氏兄弟就无处可逃了。但曹操却说："我将使公孙康斩袁尚、袁熙的首级送来，无需出兵。"九月，曹操从柳城撤兵。不久，公孙康就杀了袁尚、袁熙和苏仆丸等人，把他们的人头送到曹操这里，辽东的问题就这样解决了。

曹操的部将都非常惊奇，问曹操："您一回师，公孙康就斩了袁尚、袁熙，将首级送来，这是为什么？"曹操说："公孙康一向畏惧袁尚等人，如果我进攻他们，他们就会联合起来对付我们。我暂不进攻他们，他们必然各怀异心，互不相容，所以我知道公孙康一定会杀袁氏兄弟。"诸将无不佩服曹操用兵的智慧，料事如神。

曹操不用一兵一卒就取得袁氏兄弟的人头，说明曹操善于分

析敌情，善于利用敌人之间的矛盾。他更熟悉《孙子兵法》中的"上兵伐谋"，"是故百战百胜，非善之善者也；不战而屈人之兵，善之善者也"。

北征乌桓的结果，正如郭嘉所料，在曹操远征乌桓时，刘备劝刘表偷袭许都，但刘表不同意。等到曹操远征乌桓取得重大胜利班师回来，刘表这才后悔没有听刘备的话，失去了进攻许都的大好机会。

曹操平定三郡乌桓，消灭袁氏兄弟的残余势力，又不战而使辽东归服，表明曹操在统一北方的战争中又前进一步。现在的北方，除关陇地区外，已实现了统一。曹操北伐乌桓，统一北方地区，解除了北方长期战乱之苦，使北方的百姓过上太平日子，对发展农业生产，恢复北方经济，保障人民生活，都起了极为重要的作用。

遇狂士借刀杀人

祢衡，可谓是一个狂士，见人就骂，目空一切。《后汉书》中有他的传。祢衡，字正平，平原（今山东平原县）人，少年时，就口有辩才，成人后，非常意气用事，刚愎狂傲。又喜欢和时局过不去，看什么都不顺眼。

东汉兴平年间，他避乱荆州，建安初年，来到许都。是时许都新建，贤士大夫从四面八方来到这里。但祢衡对很多人都看不起，瞧不上眼，说三道四，傲气十足。唯独和鲁国孔融、弘农杨修的关系比较好。他常说大儿孔文举（孔融），小儿杨德祖（杨修）。其实，祢衡才二十岁左右，而孔融这时年四十。至于他看许都其他的人，都是庸庸碌碌，根本不值得一提。

孔融非常佩服祢衡的才气，特别上表推荐祢衡，对祢衡百般

吹捧，说他"淑质贞亮，英才卓砾。……目所一见，辄诵于口，耳所暂闻，不忘于心。性与道合，思若有神。……见善若惊，疾恶如仇。使衡立朝，必有可观。……若衡等辈，不可多得"。总之，把祢衡吹得天花乱坠。

孔融又多次向曹操推荐祢衡，曹操素爱人才，要会见祢衡。但是祢衡看不起曹操，自称有狂病，不肯前往，而且在背地里还讥笑曹操。曹操十分气愤，但考虑他有才气、有名气，不愿杀他。可是曹操也要杀一杀他的傲气，听说他善于击鼓，就召祢衡为鼓吏。这个差事本来就是大材小用，但曹操就是这样做，想看一看祢衡的表现。

在曹操大会宾客时，要试一试鼓的音节。祢衡终于来了，他拿起鼓槌，猛烈击鼓，容态有异，声节悲壮，听者莫不慷慨。祢衡又走到曹操面前，却被负责礼仪的官吏止住，对他说："鼓吏应当换上有礼仪的服装，你怎么就这样走进来？"祢衡回答说："好吧。"于是他就一件一件地把旧衣脱下去，脱到一丝不挂，赤身裸体，站在曹操面前。然后又慢条斯理地把新衣穿上，再奏一通鼓曲，脸上没有一点羞愧的样子，甩着袖子就走了。这一来，反而使曹操很不自在，曹操本来想羞辱一下祢衡，反而被他羞辱了。

祢衡的这些举动，连孔融也觉得不像话，对祢衡有些责备，并再三说曹操爱慕各地人才。祢衡见孔融如此说，就答应要会见曹操。曹操知道后很高兴，吩咐看门的人，祢衡来了立即通报。

谁知一直等到下午祢衡才来，也不是来道歉的，而是来骂人的。只见他穿一件单布衣，头顶粗葛巾，手里还拿着一根三尺长的木棒，在大营门口一站，开口就骂。一边骂，一边用木棒击地，骂得可谓有节有奏，抑扬顿挫。门吏禀报曹操，外有一狂生，在营门口，言语悖逆，请收案罪。曹操立即大怒，对在场的孔融说："祢衡这小子，我杀他，有如杀一只老鼠和麻雀。考虑这个人素有虚名，如果现在杀了他，远近可能认为我容不下这个人。不如把他送到刘表那里，你看如何？"于是就派人把祢衡送到刘表那里。

刘表素有宽待和爱护名士的名声，祢衡到刘表这里，刘表和荆州人士听说他有很高的才能，特别礼遇他、看重他，案牍文章均由祢衡审定。但祢衡本性难改，说骂就骂，狂妄得不得了，最终与刘表闹翻，刘表一气之下把祢衡送到黄祖那里。

《资治通鉴》卷六十二，胡三省为此作注，认为曹操和刘表"二人皆挟数用术，表（刘表）则浅矣"。

黄祖是江夏太守，性情急躁粗暴。在一次黄祖大会宾客时，祢衡出言不逊，黄祖怒斥他，他反以骂言相对。黄祖大怒，将他拉下去痛打，他反而越骂越凶，黄祖就把他杀了。祢衡死时，才二十六岁。

京剧中，有《击鼓骂曹》一出戏，是根据《三国演义》第二十三回改编的，其内容就是祢衡大骂曹操。剧中，祢衡以名士

的身份大骂曹操是奸贼，把祢衡塑造成仗义执言的正面人物，把曹操则塑造成十恶不赦的反面人物。祢衡大骂曹操"不识贤愚，是眼浊也；不纳忠言，是耳浊也；不读诗书，是口浊也；常怀篡位，乃是心浊也"。击鼓骂曹操，可谓痛快淋漓，不过这是戏剧文学作品，是编剧者对人物的塑造，与历史的原型相距甚远。

祢衡是狂士，是一个没有正义、没有理性、没有是非、没有道德观念的狂妄士人。他有学识，有辩才，但是这些完全被他用在骂人和诋毁别人上了。他目空一切，对所有人视如粪土。祢衡这样的狂人，不可能与其他人合作。自我孤立又怎能成就一番事业？所以，他的结局注定是悲剧。

曹操对祢衡的态度，可谓忍让有度。曹操虽然慕才爱才，但对于祢衡这样的狂人，他心中有数。首先，不给他带有实权的官职，叫他做鼓吏，他擅长击鼓，既没有埋没他的特长，也可以压一压他的狂气，有一举双得之妙。曹操第二次还想接见他，想看看他的表现，结果引起一场开口大骂，激得曹操大怒，认为这个人不可留，留他必有大害。但曹操又不想杀他，杀他有害自己名声，最后只有把他送走这一条路了。曹操把祢衡送到刘表那里，《三国演义》说这是借刀杀人，但刘表并没有杀他。曹操坚信，即使自己不杀他，刘表不杀他，必有人杀他。因为这是祢衡自己逼迫别人必须要杀他，这正是祢衡性格上的个人悲剧。

不孝之罪杀孔融

孔融在先天就挂上了孔夫子后裔的光环，他是孔子二十世孙。孔融，字文举，鲁国人。父亲孔宙，官为太山都尉。

孔融小的时候特别聪明，十岁随父亲到京城洛阳。当时的河南尹李膺，身份高，架子大，自居自重，不是当世名人及世交挚友，一概不肯会见。而年少的孔融异想天开，想会一会这位封闭自重的老前辈，一睹这个大人物的风采。到他家，一敲门，口气不小，就说是李膺的世交。李膺把孔融请进屋，开门见山就问孔融："你家祖辈与我家有过来往吗？"

孔融不慌不忙回答说："有的。先君孔子与您的先人李老君（即老子），同德同义，相师友，所以孔融与您是世交。"小小年岁有如此惊人的回答，在座的人无不惊叹他的才能。但只有太中

大夫陈炜不服气，冷言冷语地说："小时聪明，长大未必出奇。"

孔融对这位吹冷风的人也不客气，反唇相讥："听你如此说，你小的时候一定聪明。"引得李膺哈哈大笑，对孔融的回答赞不绝口："你长大以后，一定是个人才。"

孔融博览群书，崇尚儒学。十六岁时，掩护被官府搜捕的张俭，事情败露后，又与哥哥争死，因此名震远近，世人皆知他是一位义士，孔融三十八岁当上北海相。

兴平二年（195），这时袁绍和曹操的势力正在兴盛之时，可谓势均力敌，而孔融对二人都有看法，认为他们都想图谋汉室，因此不愿依附任何一方。

以后，由于形势发生变化，曹操挟天子以令诸侯，国家大事皆由曹操掌握。曹操非常爱惜人才，于是请孔融做"将作大匠"，即主管建设工程的官员。

孔融盛气凌人，依仗自己的才干与名望，屡次反对曹操，甚至戏弄和嘲笑曹操。

建安九年（204），曹操攻占邺城后，袁氏男女多被俘获，曹操的儿子曹丕把袁熙之妻甄氏抢过来做自己的小老婆。孔融为此事给曹操写了一封信，信中说："武王伐纣，以妲己赐周公。"这是什么意思？其实，武王伐纣，纣王兵败牧野，奔鹿台自焚，他的宠妃妲己也自缢而死，并没有武王把纣王宠妃送给周公的事。但为什么孔融还要这样说呢？实际上他这是在挖苦曹操。曹操以为孔融学问深，读书多，他这样说必有所本。有一次，曹操问孔融："你在信中说的话，出自何书？"孔融回答说："用今天的事去揣摩，那时也应当是这样的。"这不仅讽刺了曹丕私纳甄氏的事，而且也捉弄了曹操，你想曹操当时心里是什么滋味？可能不太好受吧！

建安十一年（206），曹操北伐乌桓。乌桓本东胡之一部，官渡大战之后，袁氏兄弟袁尚和袁熙因兵败而投奔乌桓，双方的结合，对曹操形成严重威胁，曹操为谋统一大业，必须北伐乌桓。为这件事，孔融又给曹操写了一封信，信中说："大将军远征，萧条海外。昔肃慎不贡楛矢，丁零盗苏武牛羊，可并案也。"其大意是：大将军远征海外，很是辛苦。这次可以把昔日肃慎人不肯向周武王进贡楛矢、丁零人偷盗苏武的牛羊这些事一起解决了。孔融一方面用"大将军"这三个字嘲笑曹操当年不得不将"大将军"的名头让给袁绍这件旧事，一方面又酸溜溜地借肃慎不贡和丁零盗羊这两件小事讽刺曹操出兵乌桓是"师出无名"。曹操当然感到很不舒服。

因连年粮食歉收，既不能满足军队对粮食的需要，百姓吃粮也发生困难。为了节省粮食，曹操下令禁酒。孔融多次上书反对，认为"酒之为德久矣"。而且语言多侮慢之辞，他引经据典地说："天有酒旗之星，地列酒泉之郡，人有旨酒之德，故尧不饮千钟无以成其圣。"这些话实际是质问曹操：天、地、人都离

不开酒，连尧不喝酒都成不了圣人，你为什么要禁酒？这四句之后，又说"且桀纣以色亡国，今令不禁婚姻也"。这两句话的意思是，既然夏桀和商纣王以好女色而亡国，那么为何不下令禁止婚姻？挖苦和讥笑的意思太明显了，而且，这简直是胡搅蛮缠了！特别在孔融认为曹操的野心越来越大，为人处事也越来越奸诈以后，他对曹操的言辞也越来越偏激，甚至跟曹操对着干起来。

孔融上书奏请朝廷，按古制在京城周围千里之内不能封建诸侯。这实际就是针对曹操来的。当时，曹操受封为武平侯，武平属陈郡，距离许都不过三百里。如按孔融所奏去执行，曹操就必须改变封地，改到偏远的地方去了。孔融是想以此限制曹操的势力。曹操当然明白孔融是不怀好意的。

曹操对于孔融的以上表现，心里很不愉快，甚至十分反感。但他考虑孔融名重天下，还是采取了容忍的态度，却又十分担忧孔融的这些不和谐的表现会对统一大业造成不利的影响，对自己执行各种政策造成一些困难。深思熟虑之后，曹操已有心对孔融采取措施了。

光禄勋郗虑知道曹操与孔融有矛盾，此人也与孔融关系不好，为了迎合曹操，也是出于自己的私心，便上表奏请曹操免掉孔融的官职。但曹操不想为此对孔融下手，因而给孔融写去一封信，劝孔融与郗虑和好。但是，最后他也表示，"破浮华交会之徒，计有余矣"。也就是郑重表示，我对于打击专事浮华的文辞而又互相勾结的人，是有办法的。这句话的含意孔融不会不理解。因此，孔融也回了信，表示要与郗虑和好如初，并缓和了口气，对曹操的话表示十分敬重，"苦言至意，终身诵之"。于是曹操继续观察孔融，任命他为太中大夫——一个没什么实权的闲职。

但孔融的个性不可能彻底改变，他对曹操的态度依然是对立的。曹操终于忍无可忍，决定对孔融下手了。

曹操任命郗虑为御史大夫，又让丞相军谋祭酒路粹写了一个罪状材料，其中有一条，孔融说"有天下者，何必卯金刀"。"卯金刀"是什么意思？据《汉语大词典》解释，谓刘姓，刘字的繁体，即"卯金刀"也。这句话等于说，天下何必是姓刘的。在当时，这就太严重了，等于要谋反，这就非杀不可了。另有一条，说孔融在孙权使者面前诽谤朝廷。虽然诽谤的是曹操，但曹操是代表朝廷的，孔融是朝廷官员，他竟敢随随便便不遵守朝廷礼仪。孔融更狂妄的是，他与好友祢衡信口开河，说父与子有什么亲？论其本意，不过当时情欲发作而已。子与母有什么爱？就像一个东西放在瓦罐里，把东西倒出来，就和瓦罐什么关系都没有了，也就是说母亲和儿子的关系就脱离了。曹操以这些罪证材料给孔融安上"招合徒众""欲图不轨""谤讪朝廷""不遵超仪"等罪名，于建安十三年（208）处死，并株连全家。孔融时

年五十六岁。

曹操杀孔融的实质问题是孔融已成为曹操在实施政治时的对立面，不管曹操所实行的政治对不对，他一概反对。而且这个对立人物有一般人难以企及的舆论鼓动能力——他博览群书，引经据典，冷嘲热讽，在士人中产生的坏影响是难以预料的，其在政治上所引起的坏作用也是难以估量的，其对曹操的个人形象杀伤力更是难以想象的。不杀他，难以整顿朝廷的风纪。

但杀孔融的材料中，真正拿得出手的，不外两条。一是不忠，不忠于刘氏王朝，虽然没有其他的言论和不轨行动，但"天下何必姓刘"这一句话就够了；二是不孝，在封建礼教社会，他与祢衡关于父子、母子的讨论，实在可以说是庸俗不堪，坏了礼教，也坏了他自己的名声。孔子在《论语》里多次强调孝道，孔融作为孔子的后裔，竟说出那样"大逆不道"的话，实在有辱孔圣人门庭。而汉朝又是以孝道治天下，维护孝道，也就是维护汉朝。因此，曹操以维护忠孝之名杀孔融，理直气壮。

曹操在处死孔融后，社会上有不少反应，为了平息舆论，曹操发了一个《宣示孔融罪状令》，其大致内容是这样的："孔融已经正法了，但社会人士只看到他的虚名，很少了解他的实际。只看到他的浮华文才，被他的表象所迷惑，不了解他做的败坏风俗的事。他认为父母和子女也不是什么亲人，十月怀胎就好比把东西放在瓶子里。他还说，如遇到荒年，父亲不好，宁肯养活别人也不养父亲。孔融这种人伤天害理，败坏人伦，即使杀了他，暴尸街头，也不为过。现在把他的罪状列举出来，向诸军将校和政府官员宣布，让你们都知道。"

可以看到，这个政令没有提孔融反对刘姓为皇帝的不忠，只谈他的不孝，实际是用孔融的不孝以激起民众对孔融的愤怒——杀了他，罪有应得。

谋统一赤壁惨败

曹操在北方，经过官渡之战，打败势强的袁绍以后，又远征乌桓，消灭了袁氏的残余势力，也消灭了三郡乌桓的边境侵扰势力，基本完成了统一北方的事业。为了巩固北方，曹操积极稳定社会秩序，发展农业生产。

曹操的雄心使他看到统一全国的任务十分艰巨。横在他面前的敌人有三个：一是荆州的刘表，二是江东的孙权，三是依附刘表的刘备。

这三股势力，以刘表最弱，胸无大志，谋无远虑，又不熟悉军事，只是保土安民，勉强维持现状。刘表对曹、袁之争，采取中立、观望态度，这对曹操是有利的。刘备投奔刘表后，刘表叫他驻在新野（今河南新野县）、樊城（今湖北襄阳），以防备曹操南下。在曹操北征乌桓时，刘备劝刘表趁机袭击曹操的后方许都，但刘表不听刘备的进言。刘表所占据的荆州，是一个非常重要的地方，位于长江中游，北据汉沔（汉水、沔水），利尽南海（广东、广西），西通巴蜀（重庆、四川），东连吴会（江苏、浙江），物产极为丰富，是一块各方都想争夺的肥肉。

东吴的鲁肃劝说孙权，趁曹操没有出兵南下之时，迅速夺取荆州，然后建号帝王，以图天下。甘宁也向孙权献计：荆州地区山川险要，在我们的西边，控制长江上游；刘表这个人没有深谋远虑，他的儿子又很顽劣，不能继承基业，所以我们应当早日采取行动，不能落在曹操后边。孙权听从鲁肃、甘宁的话，于是在建安十三年（208）春，发兵进攻江夏（今湖北黄冈），杀了太守黄祖，要进一步西取荆州。

曹操更是看重荆州，早就有南取荆州的打算。当他得知孙权破江夏、斩黄祖，将要夺取荆州的消息后，深感形势逼人，他决心要抢在孙权之前夺取荆州，于是问计于谋士荀彧，荀彧说："您可以率领军队出现在宛县和叶县一带，而暗中从小道偷偷地快速前进，打刘表一个措手不及。"

曹操依计而行，正当大军快速出发进军宛、叶时，荆州内部发生了重大变化，刘表在此时病死了，这就引起他的家族和部属内部展开激烈的斗争，最后，刘表的大儿子刘琦走出家门，出任江夏太守，小儿子刘琮成为接班人。

　　曹操大军到达新野，其威势令人难以阻挡。章陵太守蒯越、东曹掾傅巽劝刘琮投降曹操。他们认为"逆顺有一定道理，强弱有一定形势。曹公以天子的名义来讨伐，我们以人臣的身份对抗，这是叛逆；公子最近成为新主，而与朝廷对抗，必然十分危险；就是以刘备之力与曹公为敌，也是没有希望的。现在面临三个问题：我们如何对抗曹操？将军自己考虑一下，你比得上刘备吗？如果刘备都不能抵抗曹操，我们荆州就不能保证安全了。如果刘备能抵抗曹操，他就不会屈居将军之下了"。刘琮也知道难以抵抗曹操，便听从蒯越等人的话，投降了，派人用朝廷过去颁发的符节去迎接曹操。

　　刘琮的投降，并没有和刘备打招呼。此时刘备正在樊城，当得知刘琮投降曹操后，极为震惊。自知很难与曹操抗衡，便紧急挥军南下，向江陵方向撤退。曹操深知刘备是自己非常重要的敌人，因此紧追不舍，终于在当阳县的长坂坡（今湖北荆门市西南）追上刘备。刘备见形势十分危急，只得狼狈地丢下妻子，带着诸葛亮及数十随从逃走。张飞带领二十骑断后，据守河岸，并拆去桥梁。张飞怒目横矛立马敌前，对曹军大喊："我就是张翼德，有谁敢来决一死战！"曹军无一人敢于近前。赵云单骑怀抱刘备之子刘禅，携刘备的甘夫人杀出重围。刘备因此才能顺利逃到夏口（今汉口），曹操没有继续追赶。

　　曹操抢先占领了荆州，不仅扩大了地盘，而且据有重要的战略位置，使东吴处于被动地位。他又把刘备赶出了荆州，狼狈逃去夏口，这就不仅使刘备无立锥之地，也使孙权感受到现实的威胁。因此，也就促使东吴和刘备加快了对付曹操的联盟。

东吴鲁肃听说荆州刘表去世的消息，就向孙权建议："荆州与我们相邻，江山险固，沃野万里，百姓富足，如果能占领荆州，就奠定了帝王之业。现在刘表刚死，他的两个儿子不和，军中将领也分成两派。寄居在那里的刘备，是天下的英雄，如果刘备与刘琦、刘琮关系融洽，我们和他们结盟；如果关系不和，那就另打主意了。"孙权听从鲁肃意见，派鲁肃去荆州以吊唁为名，探听虚实。

鲁肃到达南郡（今湖北公安县西北），得知刘琮已投降曹操，刘备已经南撤。鲁肃便迎着刘备南撤的方向去找刘备，两人终于在当阳见面了。鲁肃问刘备打算到哪里去，刘备回答，打算投奔老朋友苍梧太守吴巨。鲁肃认为投奔那里没有前途，于是开导刘备，我们孙将军聪明仁慧，非常敬重与优待贤能之士，因此江南英雄豪杰都归附于他。现在已占有六郡之地，兵精粮多，足以成就一番事业。你最好派心腹之人到江东与孙将军联系，可以共建大业。刘备听鲁肃的指点，如拨云见日，十分高兴，决定采纳鲁肃的建议。

曹操将要从江陵顺长江东下。诸葛亮对刘备说："形势十分危急，我请求去向孙将军求救。"于是诸葛亮就和鲁肃一起，在

柴桑（今江西九江市西南）拜见了孙权。诸葛亮不愧是一个出色的外交家，他开门见山地对孙权说："当今天下大乱，将军在长江以东起兵，刘备也在汉水以南召集人马，与曹操共争天下。"诸葛亮开头这几句话，虽然非常简短，但寓意深刻，有潜台词，说明现在的天下是东吴和刘备与曹操争夺天下的形势，同时，诸葛亮把刘备放在与孙权平起平坐的位置，也有利于他与孙权谈判的地位。紧接诸葛亮又说："现在曹操基本已经消灭北方的主要强敌，随之南下攻破荆州，威震四海。在曹操大军面前，英雄简直没有用武之地，所以刘备逃到这里，希望将在此安置军事力量。如果将军能以江东的人马与曹操抗衡，不如及早与曹操断绝关系。如果不能这样，为什么不早点自我解除武装，向曹操称臣？现在，将军表面服从朝廷，心中还在犹豫不决，事情已经到了危急关头，如不果断处理，大祸将要临头了。"诸葛亮这一番言论，实际是向孙权提出三个重要建议：一、如果将军抗曹，应及早与曹断绝关系。二、如果不抗曹，不如向曹称臣。三、现在是危急关头，如不果断处理，将大祸临头。其实，就是鼓动孙权早做联合抗曹的决断。

但孙权听了不太高兴，反唇相讥，如果像你所说，刘将军为什么不向曹操投降呢？

诸葛亮说："昔日的田横，不过是齐国的壮士，还坚守节义，不肯屈辱投降，何况刘备是皇室后裔，英雄才略，举世无双。士大夫对他的仰慕，如同流水归向大海。如果大事不成，只能是天意，怎能居于曹操之下？"

诸葛亮这些话都是外交语言，说刘备怎能居于曹操之下。其实刘备最早就在曹操手下干过一段时间，以后借机离开曹操——说到底，刘备不是一个宁折不弯的铁汉子。现在他要挺起胸脯，要联吴和曹操对着干。诸葛亮决不能长他人志气，灭自己威风，他要把刘备抗曹的坚定意志传达给孙权。

孙权非常激动地说："我不能把吴国故地和十万精兵拱手奉送曹操，由他来控制。"孙权的主意已趋于和刘备联合抗曹，但是，还是有些怀疑：刘备新近战败，是否能担当如此重任呢？

诸葛亮讲了刘备的实力和曹操远征的弱点。刘备的军队虽然在长坂坡大败，但现在陆续回来的战士和关羽的水军加起来有一万人，刘琦集结江夏郡的士兵也有一万人。而曹操的军队远道而来，已经疲惫不堪。听说曹军追刘备时，轻骑兵一天一夜奔驰三百余里，到现在已如强弩射出的箭，到了力量已尽的时候，连鲁国生产的薄绸也穿不透了。这正是犯了兵法的禁忌啊。而且北方的士兵不善于水战。另外，荆州的民众虽然归附曹操，却只是在他的军队威逼之下，并非心悦诚服。如今，将军如能派猛将率领数万大军，与刘备齐心合力，一定能打败曹军。曹操失败后，必然退回北方，这样刘备与东吴的势力就强大起来，可以形成鼎足三分的局势。成败的关键，就在于今天。

诸葛亮这一通慷慨陈词，说明孙刘联盟必能战胜不善水战的曹操。孙权听了诸葛亮的话很高兴，决定和他的部属商议与刘备联盟的事。就在这时，曹操给孙权送来一封信，语言虽然不多，但威力不小。信中说："我奉天子之命，讨伐有罪的叛逆。军旗指向南方，刘表就不战而降。如今我统领水步军八十万，要与将军在吴地一起打猎。"

这封信的一开始，曹操就站在道义的高位，说明自己是奉天子之命讨伐叛逆的，可谓所向无敌。现在我要以水步军八十万大军的威力，和你孙权会一会。曹操为什么要写这封信？实际是告诉孙权，现在大兵压境，你不要和我对抗，对抗是没有好结果的。你也不要和刘备搞联盟，搞联盟也一定会失败的。这封信的目的，是在恐吓孙权，警告孙权。

对这封信的分量，东吴上下是有掂量的，于是出现了不同反应。首先，长史张昭说话了："曹操是豺狼虎豹，挟天子以征讨四方，动不动地就用朝廷的名义发号施令。今天我们抗拒他，就显得名不正，言不顺。况且将军抵抗曹操就是依靠长江天险，而现在曹操占据了荆州，刘表所训练的水军和数以千计的艨艟战船也都由曹操接管。曹操令全部船只沿江而下，这样长江天险可就由我们和曹操共有了，再加上步兵，他这是水陆并进，更何况双方的兵力也不能相提并论。依我看，最好的办法是迎接曹操。"张昭在说了一大堆大家公认的事实后，提出他的对策：知难而退，投降曹操。

鲁肃在一旁一言不发，但他不同意张昭悲观投降的主意。他坚定地认为孙、刘联盟是可以战胜曹操的。因此鲁肃对孙权说："我观察一些人的议论，他们都想误导将军，不足与他们共谋大事。我鲁肃可以去迎降曹操，而将军不可以去迎降曹操，为什么？因为，我鲁肃迎降曹操，还可以得到一官半职，而将军迎降曹操，会是什么结局呢？希望将军早定抗曹大计，不要理睬一些人的议论。"

这时周瑜在外地，鲁肃劝孙权把周瑜召回来，共商抗曹大计。周瑜，字公瑾，是孙权的左膀右臂，不仅懂军事，而且虑事周密。周瑜回来后，知有人主张对曹操迎降，因此他对孙权说："曹操虽然名义上是汉朝的丞相，而实际是汉贼。将军以神武之雄才，凭借父兄的基业，占据江东，地方数千里，兵精粮足，英雄乐于效力，当横行天下，为汉朝清除奸贼，这是曹操自来送死，怎么可以去迎降！"

周瑜的态度，斩钉截铁，绝不迎降曹操。接着周瑜分析了曹操的弱势。

"曹操的北方尚未完全平定，马超、韩遂尚在关西，是曹操的后患。而曹操舍弃鞍马，改用船舰，与水乡的南方人抗衡是不利的。现在正是寒冬，曹操战马缺乏草料，又驱使中原地方的士兵远途跋涉来到江南地区，水土不服，必生疾病。这几方面都是

用兵之大患，而曹操贸然行之。将军打败曹操，就在今日了。"

周瑜的分析既客观又实际，抓住了曹操的要害，因此信心百倍。周瑜请求率领精兵数万，保证打败曹操。

孙权见周瑜对战胜曹操如此有信心，非常激动，对周瑜说："老贼曹操想废汉自立的野心由来已久，只是顾忌袁绍、袁术、吕布、刘表和我孙权，现今几位英雄已经被他灭掉，只有我孙权健在。我与老贼势不两立。你主张抗击曹操，甚合我意，这是上天把你赐给我。"说完，孙权立即拔出刀，奋力砍断案角，声色俱厉地说："诸将吏有敢再说迎降曹操者，其下场就和这案子一样。"

孙权经过诸葛亮劝其与刘备联盟抗曹，经过鲁肃劝其不能投降曹操，经过周瑜对曹操出兵南方诸多不利因素的分析，现在已经信心十足，认为完全可以战胜曹操，最后下定决心与曹操决一死战。

周瑜是一个非常细心的人，他又仔细盘算一下，就在这天夜里，他又去见孙权说："大家只看到曹操的信里说有水步军八十万，就感到恐惧，没有考虑他的虚实，就主张投降，毫无道理。从实际情况看，他所率领的军队不过十五六万人，而且已经疲惫不堪。他所得到的刘表军队，最多也不过七八万，而且对曹操怀有疑惧，他们不会出死力替曹操打仗。所以他们的军队人数虽多，也没有什么可怕的。我只要精兵五万，就足以制服敌人，望将军勿虑。"

孙权此时选不出五万精兵，于是选兵三万，任命周瑜、程普为左右督（相当于正副统帅），以鲁肃为赞军校尉（相当于参谋长），率领大军沿江西进，和驻军樊口的刘备会合。

此时的曹操，正在观察投书孙权的政治效果，八十万大军压境，期望有一个不战而屈人之兵的结局。但没有料到，他们竟结成孙刘联盟，一起对付自己。同时，周瑜已挥师沿江西进。

周瑜率领的军队与刘备的军队在樊口（今湖北武昌西北五里）会合，然后逆长江而上，行至赤壁（原湖北蒲圻西北，今赤壁市）与顺水而下的曹操军队相遇，双方展开一场战斗。曹操的军队虽然人多，但北方士兵水土不服，多患疾病，因此初战不利，不得不将军队退到北岸的乌林（今湖北洪湖市东南），正好与停靠在长江南岸的周瑜战船相对峙。

这时曹军的弱点暴露得更加明显，好多士兵因浪大风急，战船摇动颠簸，在战船上不仅站不稳，而且头晕目眩，甚至呕吐不止。这不仅极大地影响了战斗力，就是士兵的正常生活都难以维持。曹操看到这种意外的情况，十分忧虑。他为了巩固船体，防止剧烈颠簸，决定把战船用铁链连起来，形成一个巨大的整体，船体的摇动自然减轻了很多，其巨大、其平稳有如今天的航空母舰。士兵在船上如履平地，身体状态基本恢复了，有了战斗力。曹操对这种做法产生的效果比较欣慰。

但是，曹操的这个办法，被善于水战的周瑜部将黄盖看到了，他向周瑜建议：如今敌众我寡，难以持久与他们打下去。曹军正把战船连在一起，首尾相接，我们可以用火攻的办法打败他。周瑜立即接受了黄盖的建议，动作极为迅速，选取艨艟战船十艘，装上干草枯柴，在上边浇上油脂，在外边裹上帷幕，插上旌旗。同时还准备了小型快艇多艘系在大船后边，以便大船在点燃后，士兵撤离。

为了火攻之时战船尽量接近曹营，因此必须取得曹操的信任，要演一出黄盖诈降的戏，由黄盖写一封投降书，派人送到江北曹操那里。这封降书必须写得情真意切，免得曹操生疑。

降书大意说："我黄盖受孙氏厚恩，常为将帅，见遇不薄。然而环顾天下的大趋势，用江东六郡之人，以抗拒中原百万之众，众寡不敌，这是四海所共见的，也是东方军吏，不论愚智，皆知其不可为的事。唯独周瑜、鲁肃偏怀浅见、头脑鲁莽，不明白这个道理。今日我归降，就是明白了这个道理。周瑜所领军队，一定自易摧毁。交锋之日，我黄盖冲锋在前，事有变化时，我一定效命在近地。"

曹操对这封书信，看了又看，其语言没什么破绽。曹操回想前次投书孙吴，听说也有人主张投降。在八十万大军压力下，黄盖见大势已去，前来投降，也在情理之中。但曹操还是怕有诈，又特别召见了送信的人，经过仔细盘问，也没有发现有什么问题，这时曹操才放心。曹操命送信的人传话给黄盖："黄将军如果按所说的去办，我一定重赏爵禄，超过前后所有投降的人。"

周瑜和黄盖得知曹操允降，立即采取行动。时值隆冬，常有西北风，却正好在农历十一月十二日这一天忽然刮起了东南风，于是决定立即向曹操发起进攻，黄盖指挥的十艘战船排在最前，到江心时升起船帆，其余的船在后边依次前进，在离曹营不远的地方，士兵齐声呐喊，黄盖投降来了。曹营的官兵信以为真，纷纷走出军营观看。离曹军还有二里的地方，黄盖令十艘船同时点起大火，火烈风猛，火船像箭一样飞向曹营水寨，点燃了曹军的舰船，大火冲天，把曹军的战船全部烧光。当时火势之猛，很快蔓延到岸上的曹操军营，引起一片火海，浓烟滚滚，遮天蔽日，曹军人马烧死的和淹死的不计其数。周瑜率领精锐紧随黄盖后边，战鼓雷鸣，左右冲杀，使不服水土的曹军死伤惨重，曹军大败。曹操知道这一败局已不可挽回，便亲自率领残兵败将从华容道逃走。

华容道又狭窄又泥泞，道路不畅，天又刮起大风。曹操让那些伤残的士兵背草铺在地上，战马才勉强通过。那些疲惫不堪的衰弱士兵，在泥泞中被人马践踏，死伤好多。

曹操在华容道经过艰苦跋涉，好容易走出来，他心血来潮，突然仰天大笑，诸将莫名其妙，问曹操何故大笑？曹操说："刘备是一个同我相互较量的人物，但他遇事拿主意总是比较慢，如

果他早点派人到华容道来放火，我们就在这里死光了。"你看曹操在这时还讥笑刘备的智力比他慢半拍。曹操就是这样一个人，就算战败了，也不愁眉苦脸，他还在笑，笑那些胜利的对手，其战争设局，没有预见，远不如他。

正如曹操所料，刘备果然派人来华容道放火，可是这时的曹操已从华容道走出多时了。

曹操败退后，刘备、周瑜水陆并进，穷追不舍，一直追到南郡。这时的曹军因战败损兵折将过多，士兵又病又饿，死亡大半，根本无力对追击者还手。曹操只得留下南征将军曹仁、横野将军徐晃镇守江陵，折冲将军乐进镇守襄阳，自己率领残兵退返北方。

赤壁之战，以曹操失败而告终。

这场赤壁之战，在《三国演义》中，罗贯中以神来之笔竟用八回的篇幅写得波澜壮阔，妙趣横生，趣味无穷。他以文学豪笔虚构了一些脍炙人口、令人难忘的生动故事，比如，"诸葛亮舌战群儒""孔明用计激周瑜""群英会蒋干中计""用奇谋孔明借箭""阚泽密献诈降书""庞统巧授连环计""七星坛诸葛祭风""诸葛亮智算华容"等。这些故事都是作者以丰富的想象力演绎出来的，正史中并无记载。有的故事有一点儿影子，如蒋干确有其人，但没有盗书的事，被作者移花接木了。我们虽然钦佩罗贯中的文学创作才能，他使《三国演义》这部文学作品为广大群众所喜爱，长盛不衰，但它与历史的真实有相当大的距离。

曹操的赤壁兵败，使孙权和刘备的势力扩大了。曹操北撤后，周瑜率领数万军队，攻打据守江陵的曹仁，曹仁英勇善战，几经激战和周折，最后孤军难守，只得放弃江陵，退守襄樊。孙权从而取得江陵以东的大片土地，任命周瑜为南郡太守，镇守江陵。又布防从江陵到九江的沿江一带的重要地方，从而稳固了孙权在江东的统治地位。

刘备也乘机扩大自己的势力，他先推举刘琦为荆州牧，刘琦病死后，刘备自领荆州牧。又派兵攻打长江以南的武陵、长沙、桂阳、零陵四郡，四郡先后投降。孙权为了拉拢刘备，把自己的妹妹嫁给刘备。在鲁肃的建议下，答应刘备的请求，把南郡借给刘备，以巩固双方的联盟。

由于孙、刘势力的增强，曹操的势力范围限于北方，谁也吃不掉谁，便形成曹、孙、刘三股势力鼎立的局面。

赤壁之战，曹操兵败，使天下形势出现了新的变化，形成魏蜀吴三权鼎立的局面，这对曹操是十分不利的。曹操之所以在赤壁打了败仗，其原因是多方面的。

在战争之前，曹操的优势是非常明显的。在政治上，曹操挟天子以令诸侯，诸侯抗拒他，名不正言不顺。在气势上，曹操取得荆州后，威震四海，诸侯闻之丧胆。在军事上，号称八十万大军，即使按周瑜的估计也有十五六万，比孙、刘两家兵力之和还

多几倍。有此优势，按常理，应当战必胜。但曹操把这种优势，因种种原因，转化为劣势，这就必败无疑了。其必败的因素也是多方面的。

曹操率军南下时，孙、刘两家感受到极大威胁，结果两家结成了联盟——这对曹操十分不利。曹操也曾写信威胁和拉拢孙权，但没有成功。其实，刘备在当阳大败时，已成惊弓之鸟，曹操若追而歼之，是完全可能的，但曹操没有。孙、刘联盟成为与曹操抗衡的决定性的力量。曹操对这个联盟再没有采取任何分化瓦解的政策，他低估了孙、刘联盟所形成的合力，以当时曹操的气势，也可能没有太重视这个联盟，这就使曹操吃了大亏。

曹操虽然是一位杰出的军事家，但他没有水战的经验，也没有率领大军在南方作战的实战经验。我们相信他一定具体分析过自己军队在南方作战和水战中可能出现的问题，从而采取了相应的对策，但显然是不完善的。这一点，周瑜对曹军远来南方在长江作战所面临的困难和存在的弱点看得非常清楚，因此他有必胜曹操的信心。当曹军在长江的战船遇到种种困难和问题，甚至失去战斗力时，曹操也紧急采取了连接战船的措施，虽然船体基本稳定了，不再颠簸了，但这也给敌方创造了可以利用的绝好机会。

曹操平时多疑，但对于诈降的黄盖，虽然几经盘问，没有发现破绽，就放心了，未作其他任何防备，简直有失曹操一贯虑事精细的水准。

以曹操的精明，以曹操虑事之周密，以曹操丰富的军事知识，以曹操用兵之神算，他不可能不考虑把战船连在一起所带来的问题，特别是火攻的危险。但曹操更知道火攻必须借助风势，在冬季不可能刮起东南风，因此曹操对敌方火攻战船的可能性也就丧失了警觉。但是天有不测风云，正是黄盖用战船火攻曹操的这一天，即农历十一月十二日，忽然奇怪地刮起了东南风。在寒冷的冬季，竟然刮起东南风，这是任何人都难以预料的，甚至为《三国志》作注的裴松之也为曹操辩解，"天实为之，岂人事哉"。就是说，这是老天爷要这么干，人间岂能有办法。老天要帮周瑜、黄盖的忙，那么曹操也就倒霉了。在《三国演义》中，说东风是诸葛亮借来的，诸葛亮"沐浴斋戒，身披道衣，跣足散发"，登上祭坛祭风，果然刮起东南风，这就把诸葛亮神化了。鲁迅说《三国演义》中的诸葛亮"多智而近妖"。这里所谓"妖"，就是装神弄鬼，近乎巫师和神汉。就算是诸葛亮装神弄鬼，祈求老天刮东南风，老天岂能听他的，诸葛亮哪有这种天大的本事。也有人说，诸葛亮通晓天文，观察天象，预测这一天必有东南风，但也没有史书能证实。

曹操的水寨和陆地的军营布防也非常接近，可能认为便于水陆作战。但是万万没有想到，这就使火势很容易地从水寨蔓延到了陆地军营，因而损失极为惨重。这也是曹操难以料到的。

　　曹操赤壁战败，虽然主客观的原因都有，但主观原因是致命的。曹操轻易取得荆州以后，滋长了轻敌、傲慢的情绪，他不把孙、刘联盟放在眼里，他过于相信自己号称八十万的大军，认为这支摧枯拉朽的军队到哪里都是必胜的。他对自己军队在南方作战的不利因素也缺乏认真分析研究，估计不足。这位军事家，因为过于自满和自信，将"知彼知己，百战不殆"的军事名言放在脑后了，对骄兵必败的古训可能也忘得一干二净了。

　　曹操战败之后，给孙权写去一封信，信中说："赤壁之役，值有疾病，孤烧船自退，横使周瑜虚获此名。"赤壁之战，恰好碰到士兵不服水土，疾病流行，这是实话。说烧船自退，反使周瑜获得了这个虚名，这就是为自己辩护了。说明曹操对周瑜仍然不服气。曹操就是这样的人，虚实张口就来，十分任意，他的高傲让他不会服气于周瑜。在孙权面前，他更不会扬周瑜之威，灭自己之气。

　　自此以后，曹操再无力统一全中国了。

　　吕思勉先生在《三国史话》中曾说："赤壁之战，是三国史事的关键。倘使当时没有这一战，或者虽有这一战而曹操又胜了，天下就成为统一之局面而不会三分了。所以这一战，实在是当时分裂和统一的关键。"

反复考察慎重立嗣

　　曹操很重视立嗣问题，按照封建宗法制度的常规，应立嫡长子为嗣，也就是妻生的第一个男孩为嫡长子。封建继承权是有一定顺序的，妻生嫡长子、嫡次子在先；妾生庶长子、庶次子在后。但曹操不按常规办事，他要亲选自己所信任的而且有才智的后代作为自己的接班人。

　　曹操妻妾成群，生有二十五个儿子。长子曹昂为刘夫人所生，因刘夫人早亡，由丁夫人抚养；曹丕、曹彰、曹植、曹熊为卞夫人所生；曹冲、曹据、曹宇为环夫人所生……在《三国志·魏书·武文世王公传》中均有记载。

　　丁夫人是曹操的嫡妻，她没有生育，由她抚养的曹昂便成为事实的嫡长子。但由于曹操在讨伐张绣时的风流事，曹昂在战争

中被杀，丁夫人一气之下离开了曹操。丁夫人一走，卞夫人的地位就提高了，她所生的四个儿子都在曹操考察的范围之内。

曹操在细心的观察中发现，环夫人所生的曹冲异常聪明，虽然他比卞夫人所生的曹丕小九岁，可是他比曹丕聪慧。

曹冲称象的故事发生在他五六岁的时候。有一次，孙权送给曹操一头大象，曹操想要知道这头大象的重量，但如何测量它的体重，成为一时的难题。曹操的手下没有一个人能拿出办法。这时，小孩子曹冲站出来，提出一个办法，把大象放在船上，船上的重量必然使船在水中有新的水位线，把这一水位线记下来，然后把大象从船上牵走，再将一些石头装在船上，直到达到记下的新水位线为止。然后再称石头的重量，就可知道大象的重量了。曹操非常欣赏这个办法，立即吩咐众人去办，最后知道了大象的重量。从这个故事来看，曹冲在五六岁时已显露出智力水平很高。

曹冲不但聪明，而且有仁爱之心，帮助其他人解决困难。在当时，军中经常发生一些事端，刑罚也极严厉，这就让犯了错误的人非常恐惧。比如，曹操的马鞍放在库房里被老鼠咬破了，守库的小吏就非常恐惧，认为自己的小命保不住了，于是想要把自己捆起来，向曹操当面谢罪，就是这样也怕不能被赦免。曹冲知道了这件事，对守库小吏说，你先等一等，三天以后再来请罪。聪明的曹冲用刀把自己的衣服捅了几个洞，像老鼠咬过一样，同时又装作愁眉苦脸十分不高兴的样子。曹操见了他，问他为什么这样不高兴，曹冲说："传说谁的衣服被老鼠咬了，谁就不吉利。我的衣服被老鼠咬了，所以我愁眉苦脸。"曹操安慰他说："传说的话不可信，你不要为这事发愁。"不久，守库小吏来了，报告仓库里曹操的马鞍被老鼠咬了。曹操不以为然，笑着说，我儿子的衣服穿在身上还被老鼠咬了，更何况马鞍挂在仓库里的柱子上！于是，曹操丝毫也没有怪罪守库小吏。

曹冲的聪明和仁爱引起曹操的注意，再加上曹冲容貌俊美，曹操特别喜爱这个儿子，曾多次在群臣面前表示想要传位给曹冲。

但是，很不幸，建安十三年（208），也就是曹冲十三岁时，突然得了重病，曹操多方求医，也没能挽救他的生命，最终离开人世。这使曹操悲痛异常。曹丕上前劝慰，曹操对他说："这是我的不幸，却是你的大幸。"曹操说得非常直白，曹冲一死，对曹丕来说，少了一个争夺太子位置的竞争对手，当然是曹丕的大幸。

曹冲死后，曹操继续观察诸子的表现，仍然不肯匆忙地立太子。甚至建安二十一年（216），曹操做了魏王，这年他已经六十二岁了，仍然在观察。他在建安二十年至二十二年（215—217）之间，下了一道《诸儿令》，其中有这样几句话："儿虽小时见爱，而长大能善，必用之。吾非有二言也，不但不私臣吏，儿子亦不愿有所私。"这些话的意思是，儿子虽然小的时候被我疼爱，但长大以后德才都好的，必定选用他。我说话是算数的，

不但不对我的部下有偏私，就是对我的儿子也不想有偏私。这些话明白地表示，诸子必须自己增长才干，只有成为一个德才兼备的人，才会被重用，曹操不会有任何偏私。

曹冲去世以后，曹丕以嫡长子的身份处于竞争太子极为有利的地位。曹操很注意对曹丕的培养，在他五岁时，教他学习拉弓射箭，六岁时教他学习骑马。曹丕也是一个头脑敏捷的孩子，到八岁时就能骑射。曹丕十一岁时，跟随曹操南征张绣，因张绣降而复叛，发生险情，曹操被射中逃命，大儿子曹昂、侄儿安民被杀，爱将典韦战死。只有曹丕在混战中机敏地冲出重围，说明他很不简单。

曹丕不但习武也学文，八岁时就能作文章。以后又博读古今经传诸子百家的书，成为一个能武能文的人才。父亲曹操就是一个能文能武的全才人物，因此他在努力地学习父亲。而曹操也比较看重他，给他机会在实际斗争中历练本事。建安八年（203）曹丕从征袁氏兄弟到黎阳。建安十一年（206）曹操率领军队出征高干，留曹丕守邺城。建安十六年（211）西征马超、建安二十年（215）西征张鲁，曹操都将留守邺城的重要任务交给曹丕。建安十六年（211），曹操开始封诸子，封曹丕为五官中郎将，副丞相，成为曹操的副手。而其他诸子多封侯，曹植被封为平原侯。

曹操虽然把曹丕置于比其他诸子高一头的地位，但曹操仍然不确定太子的地位。他仍然在细心观察，这时的曹植又强烈地吸引住曹操的注意力，成为与曹丕争夺太子地位的重要人物。曹植是曹丕的同母弟弟，均为卞氏所生，比曹丕小五岁。曹植十岁时已阅读各种书籍数十万言，其文学才华特别出众，善于写文章。曹操看到他的文章，赞不绝口，曾怀疑是否是他自己写的。

有一次，曹操直接问曹植："你的文章是请人代写的吗？"曹植不慌不忙地跪下说："言出为论，下笔成章，请当面试一试。我怎么会请人代笔呢？"不久，邺城铜雀台建成，曹操率诸子登台观赏，并令他们当时作一篇赋，这是在考验诸子的文才，当场作赋，没有敏捷的头脑、没有下笔成章的过硬功夫是写不出来的。可是不大工夫，曹植就落笔成章，第一个交了卷。不妨看看这篇赋的原貌，一睹其风采：

从明后而嬉游兮，登层台以娱情。

见太府之广开兮，观圣德之所营。

建高门之嵯峨兮，浮双阙乎太清。

立中天之华观兮，连飞阁乎西城。

临漳水之长流兮，望园果之滋荣。

仰春风之和穆兮，听百鸟之悲鸣。

天云垣其既立兮，家愿得而获逞。

扬仁化于宇内兮，尽肃恭于上京。

惟桓文之为盛兮，岂足方乎圣明。

休矣美矣！惠泽远扬。

翼佐我皇家兮，宁彼四方。

同天地之规量兮，齐日月之晖光。

永贵尊而无极兮，等年寿于东王。

　　这篇赋记载在《三国志·魏书·陈思王植传》裴松之注引阴澹《魏纪》中，既写了铜雀台的宏伟壮观，气势磅礴，也写了曹操的圣德惠及四海，泽被四方。把铜雀台的嵯峨与曹操的德政有机联系起来。曹操对曹植这一才气横溢的杰作，十分惊异。

　　曹植虽然有才气，但他的生活比较简朴，不追求阔气奢华，他的舆马服饰，也不讲究华丽。这与曹操的生活作风很相似，也很得曹操的心，因此特别宠爱他。

　　建安十六年（211），曹植被封为平原侯，建安十九年（214）又被封为临淄侯。就在这一年的七月，曹操南征孙权，命令曹植留守邺城，临行前，曹操深情地对曹植说："我从前做顿丘令时，二十三岁，回想那时的所作所为，到今天也没有什么后悔的。你今年也二十三岁了，怎么可以不努力呢？"曹操的几句话，意味深长，一方面给曹植提供锻炼的机会，使之守邺城，委以重任，一方面勉励他不要辜负自己的年华。显然这时的曹操非常注意对曹植的培养，或许有意培养他成为自己的接班人也未可知。

　　曹操在立嗣问题上的长期考察，使曹丕和曹植的神经都非常敏感，再加上两人的外围都有一些人为之出力献策——曹丕的亲信有吴质，曹植的亲信有杨修、丁仪和丁廙，因此兄弟二人展开了互不相让、尔虞我诈的激烈斗争。

　　据《三国志·魏书·吴质传》注引《世说新语》记载，有一次，曹操率领军队出征，曹丕和曹植与百官一起去路边送行，曹植在当时说了些歌颂曹操功德的话，语言华美，出口成章，引起在场的官员频频称赞，而曹操也非常高兴。但曹丕没有这种才气，怅然有所失，不知如何是好。这时，亲信吴质悄悄地对曹丕说："大王动身时，你什么也不说，只热泪涌流，放声大哭就可以了。"曹丕心领神会。曹操动身时，曹丕跪在路边，一把鼻涕一把眼泪地号啕大哭，曹操和一些官员也感动得流下眼泪。于是大家就有了这样一种印象，曹植虽然言辞华美，但不如曹丕真诚。于是，最后的结局，曹丕虽无一言一语，但以眼泪反败为胜。这一次斗争，真是奇趣横生，用心良苦。

　　又有一次，曹丕敏感地察觉到丁仪兄弟在为曹植立为太子而积极活动，于是心里十分着急和恐慌。他便接亲信吴质秘密商量对策，为了掩人耳目，曹丕还派人拉一车废竹箱去接吴质，把吴质藏在废竹箱中拉回来。这事安排得虽然很诡秘，但不知什么原因让杨修知道了，杨修立即报告了曹操，曹操还没有来得及查证，曹丕得知事泄，急忙找吴质商量对策。吴质却很镇定，怕什

么，明天再拉一车竹箱进来，竹箱里装上棉帛。杨修必然再去报告，查无此事，那杨修可就有诬陷的罪过了。

善于预测的杨修，这次果然上了当。于是曹操对杨修也起了疑心。

这次斗争，曹丕又占了上风。

这种兄弟间的斗争，尔虞我诈，巧设圈套，和战场的厮杀有什么区别？

不仅如此，曹操也会主动考察兄弟俩的才能。有一次，曹操让曹丕和曹植出城，但私下却吩咐守城士兵不准放行。他要看谁能顺利出城。曹丕先要出城，门卫阻挡，曹丕只得退回。曹植得到杨修的指点，在出城时，说奉王命而出，如有阻挡，当斩之。于是曹植顺利出城了。曹操因此认为曹植的才能胜过曹丕，但后来得知这是杨修为曹植出的主意时，不但对杨修起了疑心，也对曹植起了疑心。

曹操对立嗣十分谨慎，他还要听其他人的意见。

曹操问谋士贾诩关于立嗣问题，贾诩没有立即回答。他在深思一个问题。在曹操的追问下，贾诩说："我在想袁本初、刘景升父子的事。"意思是，袁绍（字本初）不立长子袁谭而立次子袁尚；刘表（字景升）不立长子刘琦而立次子刘琮，最后都酿成祸乱。贾诩虽然拐弯抹角，但曹操一听就明白了。

曹操秘密发函，征求崔琰关于立嗣的意见。崔琰性情耿直，直截了当，甚至回信也不封口，就对曹操说："听说春秋大义，立太子应立嫡长子。五官中郎将曹丕仁孝聪明，应当继承正统。我至死也信守这个意见。"

毛玠这时正任尚书仆射之职，他秘密地进谏曹操："近者袁绍因嫡庶不分，覆宗灭国。废立大事，不可重蹈覆辙。"

曹操也问邢颙关于立嗣的事，邢颙对曹操说："以庶代宗，先世之戒也，愿殿下深察之。"

桓阶无论公开或私下，曾多次向曹操进言，说曹丕德优年长，应当立为太子。

在大家几乎一致的呼声中，曹丕立为太子的形势逐渐明朗化，对曹操确立曹丕为太子产生决定性影响。而这时的曹丕也深深地知道如何才能取得老爸的欢心。于是他隐其诡诈，以纯朴无华、忠厚尽孝的形象面对父亲。虽然自己也有放荡任性、饮酒作乐的毛病，但这时一概掩饰起来。他非常有心计，还做了一些笼络人心的工作，甚至把工作深入到后宫，使曹操的宠妃王昭仪也在曹操的耳边说曹丕的好话。曹丕就是这样耗尽心机地为自己树立起仁厚太子的形象。

曹植却没有曹丕那样的城府，他也不善于控制自己的任性，文士那种自由自在、无拘无束、饮酒不节、畅其所欲的行为，曹植表现得毫无节制。有一次，曹植在大量饮酒以后，私自乘车在帝王专用的驰道上快速行驶，并闯进王宫的司马门，一直到达金

门。这就严重地违反了法令，引起曹操大怒。立即处死了主管宫门的负责人，并严厉地批评了曹植的不法行为。曹操非常看重这件事，并为曹植私开司马门之事下一道手令，手令说："始者谓子建，儿中最可定大事。自临淄侯植私出，开司马门至金门，令吾异目视此儿矣。"这几句话分量很重，译成白话是：开始认为，子建是儿子中最能成大事的。自从临淄侯曹植私自出去，开司马门至金门，使我另眼看待这个儿子了。从这几句话可以看到，曹操对曹植的看法因私开司马门事件而转折。

建安二十二年（217）十月，曹操颁发《立太子令》，正式立曹丕为太子。至此，曹丕与曹植的太子争夺战也就画上句号了。

曹操在立曹丕为太子的同时，给曹植增加食邑五千户，加以前的五千户，共一万户。这是对曹植的一次补偿，还是一次安慰，均在无言中。曹植领了增加五千户食邑的感受，恐怕难以说清楚。曹操对立嗣问题的用心，花费比较长的时间，可谓反反复复，小心谨慎，多方考察，用心良苦。他深知这是关乎将来国家命运的大事，希望把自己一生所创造的事业交给信得过的接班人，最后在二挑一中选了曹丕。

建安二十五年（220）正月，曹操病死，寿六十六岁。曹丕继位为丞相、魏王。改建安二十五年为延康元年，就在当年的十月，曹丕迫汉献帝禅位，自立为皇帝。

曹操为什么杀杨修？

　　杨修是一个聪明绝顶的智慧型人物，曹操为什么要杀他，历来有各种分析。

　　杨修，字德祖，司隶部弘农郡华阴（今陕西华阴）人，是太尉杨彪之子。建安年间，被推举为孝廉，不久改任郎中。论其才华，就是在狂士祢衡的眼里也承认他是个人物。以后在曹操那里任丞相主簿，也就是机要秘书，曹操也很看重他。

　　杨修虽然很聪明，但太显露自己。根据《世说新语》记载，当时正建筑相国府大门，门建好了，曹操亲自来这里察看，一句话没说，取笔在门上写个"活"字就走了。别人都莫名其妙，不知怎么回事。杨修看见了，立刻叫人把大门拆了，拆完，他说，门里加个"活"字，是"阔"，曹操嫌门太宽大了，于是重新改

建。

还有一次，有人送给曹操一盒酥，曹操吃了一口，便在盖子上写着"一合酥"，大家不知道是什么意思。杨修到了，便吃了一口，告诉大家，曹公叫每个人吃一口，"一合酥"，即一人一口酥也。

曹操要征伐袁绍，建造军事装备，剩下几十斛竹片，都是几寸长的。大家说没什么用处，想要烧掉。曹操认为可以用来做竹盾牌，但没有把这话说出来，他就派人去问主簿杨修，杨修答复来人，结果和曹操的想法一样，大家都佩服杨修的聪明。

在《三国演义》中除记述以上之事外，还讲述了另外两件事。第一件事，曹操恐怕有人暗地谋害自己，常吩咐左右："我在梦中好杀人，在我睡觉时，你们一定不要接近我。"有一天，曹操正在午睡，身上盖的被子落在地上，一个侍女急忙拾起落地的被子盖在曹操的身上，曹操起身拔剑把侍女杀了，然后又上床睡去，半晌起床时，假意吃惊地问："是谁杀了我的侍女？"众人以实回答。曹操于是痛哭，命人厚葬侍女。一般人都以为曹操果然梦中杀人，唯有杨修深知曹操之意，临葬侍女时，杨修指而叹曰："丞相非在梦中，君乃在梦中耳。"

第二件事，曹操在与刘备、马超混战后，收兵于斜谷（今陕西眉县西南）。日久，想进兵，有马超据守；欲收兵回，又恐被蜀兵耻笑，心中犹豫不决。此时正好厨子送来鸡汤，曹操见碗中有鸡肋,因而有感于怀。此时夏侯惇入帐,禀请夜间口令,曹操随口说:"鸡肋!鸡肋!"夏侯惇向军官传口令"鸡肋"。杨修听"鸡肋"二字,便叫随行军士收拾行装,准备归程。有人报知夏侯惇,惇大惊,于是请杨修到大帐问个明白:公为何收拾行装?杨修说:"以今夜号令,便知曹公不日将退兵归也。鸡肋者,食之无肉,弃之有味。今进不能胜,退恐人笑,在此无益,不如早归。来日曹公必班师矣,故先收拾行装,免得临行慌乱。"

夏侯惇十分佩服杨修,叹道:"公真知曹公肺腑也。"于是也收拾行装,寨中诸将,无不准备归去。

当天夜里,曹操心里非常不平静,不能安睡,于是手提钢斧,绕寨私行,见夏侯惇寨内军士,各个准备行装,曹操大惊。急忙回到大帐,召夏侯惇问其缘故。夏侯惇说主簿杨修,先知大王欲归之意。曹操唤来杨修一问,杨修以鸡肋之意回答。曹操大怒,你怎敢制造谣言,乱我军心。喝令刀斧手推出斩之,于是杨修人头落地。这是《三国演义》中曹操杀杨修的原因,其实,这只是曹操杀杨修的一个借口,那么曹操杀杨修的真正原因为什么?也有各种分析。

《三国志·魏书·陈思王植》中有一段话;"太祖(曹操)既虑终始之变,以杨修颇有才策,而又袁氏之甥也,于是以罪诛修。"这段话是否可以这样理解,曹操考虑曹丕与曹植长期争夺接班人的变化,最后以曹丕为太子。杨修帮助曹植为太子虽没有

成功，但以杨修的才气，善出奇策，以后曹植与曹丕的斗争还会激烈，这对太子曹丕是不利的，对国家的安定也是不利的，再加上杨修是袁绍、袁术的亲戚。曹操考虑这些因素，便在去世之前杀了杨修。

在《后汉书·杨震列传》中，认为曹操之所以杀杨修有三点：一、曹操出兵汉中时，讨伐刘备，进也进不得，退也退不得。曹操出教令"鸡肋"，杨修以此猜曹操要退军，从而乱了军心，引起曹操非常恼怒。二、曹操有时考察曹丕和曹植的才智，杨修常常为曹植预作答案。因此曹植每次回答曹操的问题，曹操都非常满意。曹操也有些怀疑，难道曹植有这么高的才智？经过派人调查，才知这是杨修为曹植所做的手脚。曹操对杨修大怒。三、杨修是袁术的亲戚，虑为后患。基于以上三点，曹操杀了杨修。

《资治通鉴》第六十八卷认为杨修多次泄露魏王曹操训诲，交结诸侯，把他抓起来杀了。

曹操杀杨修的原因，以上的三本史书各有说法。杨修的确非常聪明，经常能够预知、洞察曹操的内心世界。而曹操又是一个猜疑心和防范心很重的人，一个掌握实权的最高领导人，其内心世界是神秘的，他的政治行为、军事行为、人事行为和其他领导行为是最高机密，不允许任何人随便探测、预知，宣告于他人。曹操更忌恨有人把自己的心理活动看得一清二楚，就像孙悟空钻进铁扇公主肚里一样，把心肝脾肺看得明明白白，这是最可怕的，也是十分危险的，而杨修就是这样的人物。他在曹操身边，已是一个透视自己内心的最可怕分子，曹操不允许这样的人物存在于他的身边，以成祸乱，这是曹操杀杨修的基本原因之一。

帝王之家，最头疼的是接班人问题。杨修已经非常深地卷入曹丕与曹植争夺太子的斗争中，他帮助曹植出谋划策，争宠夺位，使曹操非常恼怒。现在曹操已立曹丕为太子，曹操考虑，留下杨修再帮助曹植与太子曹丕斗下去，不但对太子曹丕不利，对稳定政权也不利，对保卫江山更不利。这是曹操的一条红线，是不允许任何人践踏的。因此曹操必须在他有生之年杀了杨修，以绝后患。这是曹操杀杨修的第二个基本原因。至于杨修是袁氏家族的外甥，虽然有些盘根错节，但只是曹操杀杨修附带考虑的问题。

别具一格选才用人

在袁绍与曹操联合共同讨伐董卓时，两人曾有一次对话，袁绍对曹操说："假如讨伐董卓不能成功，你打算到什么地方找根据地？"曹操没有直接回答他的问题，反问一句："你打算怎么办呢？"袁绍十分傲气地对曹操说："我南面据守黄河，北面屏障燕、代，兼并戎狄之众，然后再向南争夺天下，这样大业可成矣。"但曹操对袁绍的豪言不以为然，态度十分沉稳，对袁绍说："我任用天下有才能的人，用正确的手段驾驭他们，充分发挥他们的智慧，则无往而不胜。"

这一对话，鲜明地反映了两个人的战略思想。袁绍以扩充自己实力范围，占领更多地方为第一要务。而曹操则以吸收更多更有用的人才，作为战无不胜的实力。这两种战略思想表面看没有什么矛盾，胜利是需要取得地理优势，是需要占领关隘城池，但是没有良将和智士等人才是拿不下关隘城池的，就是拿下，也是守不住的。因此，人才，是决定性因素，有了人才，遇到任何困难都有办法克服，使自己立于不败之地。曹操在长期的战乱中，所以取得统一北方的重大胜利，其重要原因之一，就是他善于选才用人。

曹操有自己的人才观，他在建安十五年（210）发布的《求贤令》中，在建安十九年（214）发布的《敕有司取士毋废偏短令》中，在建安二十二年（217）发布的《举贤勿拘品行令》中，均反复强调"唯才是举"的观点。这个观点反映了时代的要求，当时天下混乱尚未平定，迫切需要人才。曹操当时在人才问题上的战略思想，是吸收大量有真才实学，在政治上、经济上、军事上有实际能力的人才，以适应当时的需要。当然在选才用人时，必然碰到德与才的问题，曹操并不是不要德，他选用的崔琰和毛玠就是德才兼备的好官员。但德才不能兼备时，不能放弃在道德上有缺欠的人才，因此，他特别强调"唯才是举"，并举出古代许多事例，说明"唯才是举"的成功事例。管仲有治国才能，但不是廉士，齐桓公用他，使国家富强。姜子牙怀才不遇，身穿粗布衣，垂钓于渭水河边，周文王访到他，用为国师，周从此强盛起来。有人攻击陈平与嫂子私通、接受贿赂，魏无知将他推荐给刘邦，刘邦问起陈平盗嫂受金的事，魏无知说，你所问的是品

行，我所荐的是才能，当今楚汉相争，最需要的是人才，盗嫂受金算得了什么？刘邦因此重用陈平，成就大业。傅说，商朝人，是卑贱奴隶出身，商王武丁用他为相。韩信受胯下之辱，刘邦拜其为大将。战国时期的吴起，为了要作鲁国的将，由于他的老婆是齐国人，受到猜疑，为了取得信任，他把老婆杀了，以后为了求官，把家产全部卖光，外出时向母亲发誓，不作卿相不还乡，不久母亲去世，他没有回家，可谓是一个不仁不孝的人，后来吴起为魏文侯的将，击败秦国。魏文侯死，吴起到楚国，楚悼王用他为相，从此，韩、赵、魏不敢谋楚。曹操举这些例证，都是为了证明他不拘一格用人才、唯才是举是有先例的。他号召即使背着不光彩的名声，或有被人讥笑的行为，或者不仁不孝而有治国领兵才能的人，你们都推荐出来，不得遗漏。

曹操"唯才是举"的人才观，反对汉朝以来选拔人才只重所谓德行的弊端，那时只要有仁孝的虚名，不管是否有真才实学，是否有才能办事，经过察举，都可做官。汉灵帝时，当时人出现这样的讽刺语言："举秀才，不知书；察孝廉，父别居。寒素清白浊如泥，高第良将怯如鸡。"这样无才无能的官员还能做什么事！曹操的人才观就是要打破旧传统，反对唯道德论，因为有德无才，品质虽好，但什么事也干不好，也干不了，是一个没有用的老好人。德才兼备，当然很好，那是理想境界。但是大量的人才是道德有欠缺，但很有才干。所谓"水至清则无鱼，人至察则无徒"。曹操要建立一个有实干能力、帮助他打天下的人才队伍。

曹操选用人才的实用眼光,再加上他有挟天子以令诸侯的政治影响,还有事业蓬勃的魅力,因此吸引四面八方的人才纷纷来到曹操的身边。甚至在多次战争中,有许多对方的人才或归降或投奔曹操而来。张辽,武力过人,原为吕布部将,后投降曹操,任中郎将。张郃,原为袁绍校尉,官渡战后归降曹操,拜为偏将军,封都亭侯。徐晃,原为张奉部将,归降曹操后也得到重用。谋士荀彧和郭嘉都是袁绍的有力助手,因见袁绍好谋无决、难定霸业而投奔曹操,曹操甚为重用。谋士贾诩,原是张绣部下,受曹操实力的吸引,也投奔曹操,得到曹操的欢迎。曹操对这些归降和投奔的人才,不论过去如何与自己对立,如何反对自己,曹操一概不计较,而且欢迎他们的到来,委以重要的职责,使这些人才都愿意为曹操效力。

曹操选用人才有不少手段,征召也是手段之一,特别是他居丞相之职,又有挟天子以令诸侯的便利,他可以名正言顺地征召各地人士,甚至采用非常手段,他强征司马懿就是突出的例子。司马懿是司马氏中拔尖的人才,心怀雄才谋略。有的名士断言,他是"非常之器"。曹操最早征召司马懿时,司马懿考虑汉朝日子不长了,不愿意在曹操手下做官,声称自己有风湿病,行动困难,婉拒应召。曹操不好判断司马懿的病是真是假,便派人秘密地进入司马懿的住处,假装行刺。司马懿又是何等机灵,估计这

是曹操的试探，仍卧床不动，装有风湿病。这一试探虽然没有成功，但曹操仍有疑心，最后，他决定派人告诉司马懿，征召他为文学掾，再不来，就抓起来。司马懿再不能装病了，只得出来就职，以后得到曹操重用。征召虽然带有一点强制性，但他的目的还是把各方的人才挖掘出来，特别是那些孤芳自赏、又有才能的隐士，征召他们出来，发挥他们的特长，发挥他们的智慧和才能，为朝廷服务，曹操在这方面是下过功夫的。曹操甚至以朝廷的名义从其他统治区征召人才，华歆原在孙权那里做事，曹操征召华歆，孙权不得已只好放人。王朗也是从东吴征召来的，到曹操这里，都委以要职。

曹操也很注意鼓励有名望的下属推荐人才，特别是荀彧，他身居尚书令要职，熟悉各地的人才，又好士爱才，他为曹操推荐了不少人才，如荀攸、郭嘉、钟繇、司马懿、杜袭、赵俨、荀悦、仲长统等人。以后荀攸作尚书令时，也积极向曹操推荐人才。

谋士郭嘉劝说曹操在平定河北后大力延揽人才，于是曹操在青、冀、幽、并四州招收了不少名士，人才库因此增加了许多人。

曹操原来的下属，也有一批人才，如夏侯惇、夏侯渊、曹仁、曹洪、曹纯、曹休等，更是曹操依靠的人才力量。

曹操手下的人才，论谋士，可谓群星灿烂；论武将，可谓战将如云。在谋士中最著名的有荀彧、郭嘉、荀攸、程昱、贾诩等，曹操对这些谋士，善于听取他们的嘉言奇策，也善于用自己的智慧来判断这些进言的实用价值，一旦采用，就坚决执行。他从不以三军统帅的威严武断行事，这是曹操善于运用人才的人格魅力，因此他取得一个又一个的胜利。官渡大战时，与袁绍争锋，论兵力，曹操比袁绍少得多。但曹操听取谋士许攸的建议，亲自率领轻骑兵，偷袭和烧毁了袁绍在乌巢的军队粮仓，使袁军大败，官渡之战大胜，为曹操统一北方奠定了决定性基础。

袁绍在官渡大战的失败，其主要原因之一，他对手下的谋士为他设计的奇思妙想，既不信任，也不采用。

如何对待谋士的合理建议，也就是如何对待人才的问题，有了人才，而不用人才的合理意见，不但不能团结人才，也不利于发挥人才的积极性，更重要的是不利于事业的发展与成功。不会用人才，等于没有人才。任凭个人的大脑主观判断，可能是对的，也可能是错的，错的就无法挽回了。有了人才，善于发挥他们的作用，倾心听取他们的合理意见，将在自己的面前展现一条鲜明的胜利之路，弱者渐强，强者更强，创造永不败北的人生，曹操走的就是这条路。

曹操用人才，能知人善任，唯才所宜。他善于分析人才的类型，这是哪一方面的人才，把他放在什么位置最合适，能发挥他最大的作用。比如崔琰和毛玠，品德正直，为人清廉，曹操就安

排他们选拔官吏。枣祗做事任劳任怨，曹操就让他负责屯田。结果他们在担负的工作中发挥很大的作用。

曹操善于用人之处，也表现在他从善如流，就是逆耳之言，他也有开阔的胸怀听取之，自己有错误，也虚心改正之。曹操初任冀州牧，召崔琰为别驾从事，他对崔琰说："昨天，我考察了冀州的户籍，可得三十万人，真算得上一个大州啊！"崔琰性格直率，有啥说啥："现在天下分崩离析，袁氏兄弟发起内战，冀州百姓尸骨遍野。王师来到冀州，没有听说广施仁德，慰问百姓，救民灾难，却在这里算计如何扩充兵力，并把此事当做当务之急，这难道是冀州百姓所希望的吗？"

崔琰的话里有刺，在场的人都听得惊慌失措，目瞪口呆。而曹操听了崔琰义正辞严的一席话，肃然起敬，郑重地向崔琰表示道歉。这就是曹操用人的心胸。曹操对崔琰担任东曹掾属始终清廉正直、不徇私情、办事认真、坚持原则，非常赞赏。这也是曹操善于用人的缘故。

曹操在统一北方的战争中所立下的奇功大勋，他从来不认为这是自己的个人功劳。他在建安十二年（207）的《封功臣令》中说："我起义削平叛乱，到现在已经十九年了，每战必胜，难道是我个人的功劳吗？都是将士们的力量啊！现在我决定论功行赏。"于是把有功的二十余人封为列侯，其余依次受封。特别是对谋士荀彧、荀攸，在消灭袁氏集团、平定河北的过程中立功最多，给予特别嘉奖。甚至对去世的重要谋士郭嘉，因其在统一北方有过重要贡献，曹操给献帝上奏章，请求给郭嘉增加封赏。在征讨乌桓时，田畴献计有功，被封为亭侯，食邑五百户。张辽，因扫荡敌寇，作战英勇，登高山，越险峰，被封为荡寇将军。又据《三国志·魏书·徐晃传》记载，在曹操与刘备的战争中，徐晃英勇无比，越过敌人的重重障碍，深入到敌人的重围中，击败关羽，保住襄樊。曹操高兴得出迎七里，摆下庆功盛宴，亲自举杯祝酒慰劳将士，面对徐晃军队的整齐和威严，他深有感叹地说："徐将军可谓有周亚夫之风矣。"曹操就是这样，能奖励人才，鼓舞人才，激励人才，使人才发挥更大的作用。

曹操治军是非常严格的，他在建安八年（203）一篇令文中说："但赏功而不罚罪，非国典也。其令诸将出征，败军者抵罪，失利者免爵。"曹操对这一指令非常认真，不仅对败军要抵罪，对违反军纪者也要严惩，甚至连自己也不例外。曹操曾经下令，行军时不得践踏麦田，违令者斩。下令后，曹操自己的马意外地跳入麦田。曹操用剑割下自己的头发，即以发代首，表示自我惩罚，大家肃然。曹操以法制人，令行禁止，赏罚分明。因此，在选才用人上，曹操获得极大的成功，为其建功立业，起到极为重要的作用。

曹操的人才观，其核心在于他懂得人，懂得人心。人都有趋利避害的思想，一些谋士看到袁绍既不能谋图大业，又不会用人

才，为了自己的发展，他们要选择一个好的领导人，因此他们离开徒有虚名的袁绍来投奔曹操。曹操非常尊重他们，信任他们，给他们重要的工作，听取他们的计谋，使来投奔他的人才一心一意地为他服务。曹操也非常懂得人各有优缺点，因此他安排各种人才的位置，给予他们的责任、工作，考虑其所长，发挥其所能。使之各得其所，各尽其力。曹操也十分懂得人是理性的动物，因此曹操经常听从各路人才的理性分析，即使有时没有听从谋士的意见，在实践中发现自己错了，曹操必然向当事人道歉，承认自己错误，以理待人，从不强词夺理。曹操也非常知道人都是重感情的，因此曹操以诚感人，以情动人，他既有领导人严肃的面孔，也有和大家随意谈笑的作风，从而拉近了和下属的感情距离，下属都心甘情愿地为他效力。

曹操可谓是一个懂得人心，精于用人的天才。

建安风骨，魏武遗风

　　曹操不仅是一位杰出的政治家和军事家，也是杰出的文学家。他一生中写出很多水平很高的文学作品，毫不夸张地说，他开辟了一个文学的新时代。明代胡应麟说："自汉而下，文章之富，无出魏武者。"可见他对曹操评价之高。他的有些诗文虽然已经遗失了，现存诗不足二十首、散文一百五十多篇，就是在这些文学作品中，我们仍然可以看到他别具一格的表达方式。他在文学作品中表达的思想情感，既有激昂的，也有凄凉的；他对社会的认识很现实，他对自己的前程，既充满希望，也有难以言说的苦闷。他的诗刚健、质朴，具有现实主义的精神。

　　在曹操的诗中，可以看到他的精神世界是饱满的，是坚强的。在《龟虽寿》一诗中，写下了"老骥伏枥，志在千里。烈士

暮年，壮心不已"。他明白地表示，人到老年，仍然要有千里之大志，仍然要有豪壮之雄心。这既是曹操老年的英雄气概，也是他自励的豪言壮语。他自己正是这样实践的。这句话，不但影响他那个时代，也流传至今，成为激励人们进取的名言。

曹操在《短歌行》一诗中，写下"山不厌高，海不厌深，周公吐哺，天下归心"的名句。曹操自比周公，积极而坚强地追求天下的统一。说明曹操的精神世界，是奋斗的，是远大的，他以"山不厌高，海不厌深"的精神追求自己的伟大事业。

但他在《短歌行》中也唱出"对酒当歌，人生几何，譬如朝露，去日苦多"的悲凉调子。人生是很短暂的，这是客观事实，如何在短暂的人生中，干出伟大的事业，这正是曹操面临的课题，也是曹操积极向上的人生追求。

曹操是杰出的政治家，他在《度关山》一诗中，表达了他的政治理想。他首先提出"天地间，人为贵"，也就是说，天地间的万物，人是最宝贵的。这句话，看起来很平常，但寓意非常深刻，特别是含有深刻的政治意义。在腐朽的封建社会里，统治阶级的身份是贵于老百姓的，而老百姓的身份是卑贱的，官民的人身价值是不平等的。孟子有一句话传颂千古，就是"民为贵，社稷次之，君为轻"（《孟子·尽心下》）。在孟子时代，正是君贵民轻的时代，而孟子把它倒过来，说民贵君轻，实在是大胆，实在是了不起。这种民本思想的含意，就是对每个生命个体的尊重，生命的价值都是可贵的。曹操说的"天地间，人为贵"，表明的也是人的生命是可贵的，不可随意践踏。但是，这在曹操所在的封建时代是绝对办不到的，有时连曹操自己也难于做到。但曹操的这种社会政治理想还是可贵的。

在曹操的另一首诗中，进一步表达了"人为贵"的思想："立君牧民，为之轨则。黜陟幽明，黎庶繁息。"这几句的意思是，立君统治百姓，为之制定法律规则。罢除邪恶，保护善良，使百姓繁衍生息。他在《对酒》一诗中，更集中地描绘了他的政治理想：他渴望太平盛世，君王贤明，大臣忠良，民不争讼，人人知礼让；多年的耕田劳作，获得大丰收，粮食储满仓；那时没有战争，因此好马下战场，田间送粪忙；当官的爱护百姓，罢免邪恶，提拔善良，对待百姓如同父兄养护子弟一样；人若犯法，处刑轻重适当；路不拾遗，牢房空荡荡，到冬天最后一个月，不再有处决的牢犯。老人得寿终，恩及草木昆虫。

曹操这个政治理想，可能是他追求的政治蓝图，但这个具有空想的政治蓝图，在曹操时代，甚至整个封建时代是不可能实现的。

在曹操的诗中，对汉末动乱人民遭受的苦难给予了很多的同情。他在《蒿里行》一诗中，描述了在长期的军阀混战中，"铠甲生虮虱，万姓以死亡。白骨露于野，千里无鸡鸣。生民百遗一，念之断人肠"。大意是：由于长期的战争，战士穿的铠甲都

生了虱子，百姓大量死亡。白骨露于野，千里听不到鸡鸣。一百个百姓只剩下一个，想起来令人痛断肝肠。他在《步出夏门行·土不同》一诗中，还有这样的诗句：士隐者贫，勇侠轻非。心常叹怨，戚戚多悲。其大意是：有识之士穷困潦倒，好勇斗狠之人不在乎犯法。我因此而叹息怨恨，心中充满忧愁和悲伤。在《却东西门行》一诗中，曹操对终日与他相伴的战士，长期离开家乡在战场厮杀，表达了无限的同情和怜悯："戎马不解鞍，铠甲不离旁。冉冉老将至，何时返故乡？"

在《薤露行》诗中，曹操以悲愤的心情，描述了董卓入京后，废少帝，立献帝，独揽大权，肆意残杀的悲惨局面："贼臣持国柄，杀主灭宇京。荡覆帝基业，宗庙以燔丧。"其大意是：贼臣董卓窃取国家大权，杀死了幼主，又毁坏了洛阳。汉朝皇帝的基业被倾覆，祖先宗庙被烧光。董卓可谓罪大恶极，群众恨之入骨。在《蒿里行》一诗中，反映了关东各州郡联合起来共同讨伐董卓，但"军合力不齐，踌躇而雁行。势利使人争，嗣还自相戕"。其大意是：大军虽然会合在一起讨伐董卓，但军心不齐，互相观望，争权夺利，彼此相残杀。从此开始了长期的军阀混战，使百姓大量逃亡，生产力遭到极大的破坏。《蒿里行》一诗，就反映了这一历史过程。因此，《薤露行》和《蒿里行》两首诗，是反映这个时代的历史事实，后人称这样的诗为"诗史"和"东汉实录"。

　　曹操为实现统一大业，渴望招揽天下的人才，因此他在《短歌行》一诗中，引用"子衿"和"鹿鸣"的诗句表达对贤才的无限思慕。"青青子衿，悠悠我心。但为君故，沉吟至今。呦呦鹿鸣，食野之苹。我有嘉宾，鼓瑟吹笙。"其大意是：穿着青领衣服的读书人啊，我的心始终牵挂着你们，因为思念你们而沉吟至今。可爱的小鹿呦呦长鸣，召唤着同伴一起吃野苹。如果我有嘉宾，一定鼓瑟吹笙热情迎接。这些诗情画意的句子，表达了曹操对人才的爱慕之心，渴望之意，思念之情，更希望这些人才为己所用。

　　赤壁之战后，逐渐形成三国鼎立的形势，以后曹操对孙、刘多次用兵，也没有成功。随着时间的迅速流逝，统一全国仍然遥遥无期。曹操便产生了"暮年将至，壮志难酬"的苦闷情绪，他多么希望自己的生命得到延长，完成未竟的全国统一的伟大事业。他的《气出唱》《精列》《陌上桑》《秋胡行》几首诗就是将这种心情用浪漫的游仙饮美酒的手法，曲折地表现出来。

　　比如《气出唱》一诗，有三首。其一写道："……东到泰山。仙人玉女，下来翱游。骖驾六龙饮玉浆。河水尽，不东流。解愁腹，饮玉浆，奉持行。"这段的意思是，东到泰山，与仙人玉女下来同游。驾上六龙拉的车，饮着仙人的美酒。河水有时枯尽，不再东流。解除我心中的忧愁，只有痛饮美酒，举着酒杯向前走。这首诗的基调，反映的是曹操的壮志难酬的苦闷心情，借仙

游和美酒以解愁。但曹操又是现实主义者，他虽然苦短人生，壮志难酬，但他在诗中又发出"烈士暮年，壮心不已"的豪言壮语。他的暮年就是以这种精神走过来的。

曹操诗中的写景，也独有特色，比如他写大海："东临碣石，以观沧海。水何澹澹，山岛竦峙。树木丛生，百草丰茂。秋风萧瑟，洪波涌起。日月之行，若出其中；星汉灿烂，若出其里。"大意是：东去登上碣石山，观看汪洋大海。遥望海水滔滔波浪，海中山岛高耸。岛上树木葱茏，百草茂盛。秋风劲吹，大海骤起洪波巨浪。日月的运行，好像出自大海之中。群星之灿烂，也好像出自大海里。

这首诗的奇特之处，是把大海的狂波巨浪与宇宙日月星辰的运行联系在一起，使大海的壮阔具有吞吐宇宙的气象，使诗境的空间无限广阔，使诗具有丰富的妙想，同时也反映出曹操的胸怀是十分广阔的。

曹操的诗胜于文。

曹操的散文现存一百五十多篇，其中令文类六十篇左右，书表类三十篇左右，此外还有其他一些文章。这些文章的突出特点是"清峻"——这是鲁迅说的，所谓清峻，就是文章简约严明的意思。而且这些文章都比较短小，寓意清晰明确，富有真情实感。每篇文章一开篇就主题明确，中心突出，剖析入情入理，剪裁不枝不蔓，十分得体。更重要的是这些文章具有开创精神，具有曹操个人的独特风格。

曹操的散文，不受传统观念的束缚，有自己合乎时代的个人观念。比如他在几篇"求贤令"的散文中，反复强调"唯才是举"的观念，并举出古代许多人的例证说明这个观念，打破"唯德是举"的传统旧观念。"唯才是举"并不是反对德才兼备的人才，但这种人才非常少，满足不了社会的需要。必须大胆选用文能治国、武能征战的人才，哪怕在道德上有欠缺也要用。曹操不怕非议和指责，他有开创新规的胆量。

曹操的散文写的随心所欲，妙趣横生，别具一格。比如，他写的《祀故太尉桥玄文》，这本是一篇祭文，但他写得潇洒自如，妙趣横生。其中说："你和我约定，我死去以后，你路过我的墓前，要是不用一斗酒一只鸡祭祀我，车过三步叫你肚子痛，不要怪我。"文字非常鲜活，完全没有祭文那种古板套语。又如，一场有争议的机构变革，有人要裁掉受曹操信任的东曹。曹操在《止省东曹令》中，以"日出于东"的风趣比喻就解决了，从而保留了东曹机构。曹操杀了杨修，有趣的是他又给杨修的老爸杨彪写去一封信，即《与太尉杨彪书》。这封信主要说明为什么要杀他的儿子杨修。一开始就说，"你用贤能的儿子辅佐我"，之后又说，"你的儿子依仗父亲的显赫权势，常常和我不是一条心。我纠正他，他怀怨恨。如再放纵，将牵连你们一家，因此我下令把他处决。想到你们父子之情，我同样感到悲伤。但这样做未必

不是幸运的事。随信送给你一些东西，聊表我的心意，请你爽快收下，不要推来推去"。这封信写得颇有人情味，杀了人家的儿子，还恩威并施一番。曹操临终前陆陆续续写的《遗令》，那更是随心所欲，想交代什么就写什么，而且朴实无华，琐碎得婆婆妈妈。有的交代也令人不好理解，而又好笑。比如，他交代在他死后，文武百官来殿中哭吊，只要哭十五声就得了。为什么只要求哭十五声？难道哭多少声还要规定吗？据《史记·孝文本纪》记载，西汉文帝死前规定，来吊丧的官员，早晚各哭十五声，其他时间不得随便哭。看起来曹操的规定还是有根据的。至于汉文帝为什么这样规定，那就不得而知了。

曹操的散文，敢于解剖自己，敢于敞开心怀，曹操有这种气魄，也有这种胆量。叫大家正确认识自己，理解自己，也为了反对政敌的攻击。《让县自明本志令》就是这样一篇好文章。他毫不隐讳地把自己的政治抱负形成的思想过程坦露给大家，既真切又自然，叫你无话可说。

鲁迅在《魏晋风度及文章与药及酒之关系》一文中，评价曹操诗文特点时说，曹操是一个改造文章的祖师。为什么这样说呢？因为曹操"胆子很大，文章从通脱得力不少，做文章时又没有顾忌，想写的便写出来"。鲁迅的这句话，说明曹操写诗作文的个人独特风格。

曹操这个人本来就是无拘无束、敢作敢为、不拘旧俗，且具有开放性格，他写诗作文，是他性格的具体体现。鲁迅说他胆子很大，他的诗文得力于通脱，所谓通脱，就是他可以摆脱任何旧有的文学限制，想怎么写就怎么写，尽情地表达自己的思想情感。比如，他利用乐府的形式，唱的却是新内容。《薤露行》一诗就是这样的。《薤露》本是乐府诗集中的一首挽歌，曹操借用"薤露"之名讲述董卓伤天害理的罪恶历史。曹操所写的四言诗之所以成功，按照余冠英教授的说法，"因其具有新内容、新情调，句法、词汇也不模仿三百篇"，这说明曹操所写的四言诗是有独创性的，而不是《诗经》的仿制品。

曹操的诗，其中经典的诗句具有从古到今的无限生命力，据《世说新语·豪爽》记载，晋朝的王敦常常在酒后兴奋时，高歌咏唱"老骥伏枥，志在千里；烈士暮年，壮心不已"，还用如意敲唾壶打拍子，天长日久，壶口都敲缺了。古人是这样爱咏这四句诗，就是一千多年后的今天，这四句诗仍然是鼓舞人们积极向上的好诗句。

矛盾性格与多彩作风

曹操生活在混乱多变的年代里，他的性格也呈现出复杂、多变，互相矛盾、互相抵触的特点，有好的一面，也有坏的一面。他的做派潇洒自如，他提倡朴素节俭；他天资极高，能武能文，多才多艺；他好色，爱绝色美女……总之，曹操是一个丰富多彩的人物，是一个令人感兴趣的极富魅力的人。

曹操能宽厚待人，有容人的雅量，表现出了一位政治家的气度和胸怀。比如，曹操将献帝迎到许都以后，献帝封曹操为大将军，而封袁绍为太尉，太尉虽为三公之一，但在大将军之下，也就是在曹操之下。袁绍因此非常气愤，公开表示不满。曹操考虑袁绍的强势，现在还不便与袁绍公开闹僵，于是宽宏大量，决定上表辞去大将军一职，把大将军让给袁绍，袁绍这才消了气，回到他的管辖地区。但朝廷的实权，仍然在曹操手中。由于曹操的宽宏大量，消解了袁绍与曹操谁任大将军这一不可调和的矛盾，也解决了朝廷与袁绍的矛盾。曹操这一退让，得到的是容人有雅量的好名声，而袁绍得到的是大将军的虚名。

袁绍在官渡大战惨败以后，他的一些珍宝、图书、文件都落在曹操手里，其中就包括曹操阵营中有些人偷偷摸摸地给袁绍写的信，曹操看也不看这些信，就下令把它们全烧了。这一举动，使那些给袁绍写过信的人放心和感激。那么，曹操为什么要烧这些信呢？曹操有个解释：在袁绍强盛时，连我都自身难保，何况诸位呢！这话说得多么实在，多么宽宏有雅量，多么坦诚体贴人心，又多么让人涕零！曹操在这里表现出一位政治家的胸怀：无论政治斗争还是军事斗争，最重要的都是人，特别是人才，要笼络住军队官兵的心，这是非常重要的。不随便伤害或打击任何一个人，使他们永远团结在自己的周围，因此必须有足够的气度和宽容。

曹操对待关羽，那更是宽厚得无以复加了。关羽本来是一位降将，曹操爱其才，重其义，对他的礼遇，可谓超常规的。就是关羽辞曹操奔赴刘备时，曹操也不允许追回，认为他义薄云天。曹操的这种宽宏大度，是人所不及的。

张绣对曹操本来有杀子、杀将、伤身之大仇，在张绣穷途末路时，其谋士贾诩劝他投降曹操。张绣一到，曹操以笑脸欢迎他们，并亲热地拉着他的手，旧事一字不提，还设宴洗尘，并任命

张绣为扬武将军，成为曹操一员战将，贾诩也成为曹操的重要谋士。曹操对深仇大恨报之以大德，肚量可谓大矣，宽厚可谓极矣。曹操认为得天下者必须争取人心，而争取人心必须有一个宽宏的气度和既往不咎的胸怀。张绣的归降对加强曹操的军队实力相当于雪中送炭。旧仇已经过去，新的利益可以共享，这就是曹操现实的眼光，也是曹操干大事业的肚量。

官渡大战时，袁绍为了攻击曹操，叫陈琳起草讨伐曹操的檄文，陈琳的檄文洋洋洒洒一大篇，破口大骂曹操，从老祖宗一直骂到他本人，语言之恶毒，用词之污浊，可谓无以复加。官渡之战袁绍大败，陈琳被俘，曹操问陈琳："你骂我一个人就行了，为什么还骂我祖宗三代？"陈琳急忙解释说："箭在弦上，不得不发。"实际是说，袁绍叫我骂你，我不得不骂。曹操爱其文才，任命他为司空军谋祭酒，从此成为曹操得力的笔杆子。这也展现了曹操作为政治家的博大胸怀。

曹操任兖州牧时，用东平人毕谌作别驾。张邈反叛时，掳走了毕谌的母亲、弟弟、妻子和儿子。曹操对毕谌说："你的母亲在张邈那里，你可以到他那里去。"毕谌急忙跪下磕头，表示自己绝无二心，感动得曹操流下眼泪。可是毕谌一转身连招呼也没打，就背叛曹操投奔了张邈。后来，曹操俘虏了毕谌，大家都为毕谌捏一把汗，认为他必死无疑。谁知曹操轻松地说："能够孝顺父母的人，能不尽忠吗？这正是我到处要找的人啊！"曹操不但没有加罪于毕谌，反而令毕谌到曲阜作鲁国相。曹操这样不计前嫌，可谓有容人之大度。

曹操对过去是好友、以后又背叛了自己的人，也采取宽容的态度。陈宫与曹操曾有一段不同寻常的友情，曹操出任兖州牧，就是陈宫的功劳。以后陈宫离开曹操帮助吕布打曹操，当吕布和陈宫被曹操俘虏后，曹操不计前嫌，有意不杀陈宫，但陈宫死不投降。曹操深情地叫陈宫的字对他说："公台呀，你自以为是足智多谋的人，现在竟是这样啊！"陈宫指着吕布说："就是这个人不听我的话，才到如此地步。"曹操笑着对他说："今天的事怎么办呢？"陈宫说："为臣不忠，为子不孝，只有一死。"曹操说："你死了，你的老母亲怎么办？"陈宫说："我听说以孝治天下的人不害人之亲，老母是死是活，全在明公了。"曹操又问："那你的老婆孩子怎么办呢？"陈宫答："我听说施仁政于天下者，不绝人之后。老婆孩子是死是活，明公你也看着办。"陈宫说完，请求就刑。曹操眼含热泪，为他送行。陈宫死后，曹操赡养陈宫的老母亲及家人，还为他女儿出了聘礼，厚待其家人甚于陈宫在时。

曹操对人的宽容，既有深虑，又有远谋。他为统一大业考虑，为自己的前程设想，必须有肚量，必须有远大眼光。

但是，谁要以为曹操对人只是宽大，不会报复，不会整人，那就大错特错了，他报复人的手段，心狠手辣，说杀就杀，从不手软。

当时很有名气的边让，既有雄辩的口才，又写得一手好文章。大将军何进慕其才，征召他进见，满堂宾客，无不敬佩他的文雅风度。当时的名士蔡邕也非常推崇他，认为他可以高任。果然，以后边让以高才擢进，曾做过九江太守，后因天下大乱，辞职回家。边让成为当时有很高名望的士人，但他恃才傲物，一身清高，目空一切。他根本看不起在战场上打打杀杀又是宦官儿子的曹操，可能还说过一些侮辱曹操的话，自以为是名士，曹操不会对他怎么样。有人把边让的情况告诉了曹操，曹操一怒，不但杀了边让，还杀了边让全家，其报复是非常狠毒的。曹操的这次的报复行动，影响非常坏。曹操的好友陈宫因这件事离开曹操投奔吕布。

按照《后汉书·陶谦传》记载，曹操的父亲曹嵩因董卓之乱来到琅琊（今山东临沂）避乱，陶谦的部下为抢夺曹嵩的财物，杀害了曹嵩。曹操为报父仇，于初平四年（193）秋，率领大军进攻陶谦，一鼓作气攻下十多个城池，很快到了彭城（今江苏徐州）。陶谦率兵与曹操会战，被曹操打得丢盔卸甲，全军大败，以后退至郯县（今山东郯城北）。曹操在彭城以强烈的复仇情绪滥杀平民百姓万余人，大量尸体倒在彭城泗河以致河水断流。这次惨绝人寰的大屠杀，说明曹操的报复已经丧失了理智，即使与陶谦有杀父之仇，顶多杀了他本人和他的同伙也就罢了，何必杀那么多的无辜的人！丧心病狂、惨无人道地滥杀无辜，这成了曹操一生的耻辱。

对依仗有功而不尊敬他，或时常耍弄他的人，曹操的忍耐也是有限的，到忍无可忍时，曹操是说杀就杀。据《三国志·魏书·崔琰传》注引《魏略》一书记载，许攸年少时就和曹操是好朋友，以后又有功于曹操，但对曹操一直不那么恭敬，甚至戏弄曹操，有时在众人面前直呼曹操的小名，说："阿瞒呀，没有我，你得不到冀州。"曹操虽然笑着说："是呀，你说得对呀！"心里却非常嫌恨。以后曹操攻下邺城，许攸随曹操出邺城东门，对曹操身边左右人说："曹操这小子，要不是我，他是不能出入此门的。"对许攸如此的反复戏弄，曹操实在忍无可忍了，于是就毫不犹豫地杀了许攸。曹操对许攸的报复，可谓毫不留情。

曹操在政治上十分敏感。名士孔融经常对他冷嘲热讽，甚至与他唱反调、搞对立。曹操认为留孔融在自己身边，对成就自己的事业毫无帮助，反而在今后还会惹出很多麻烦。曹操在政治上的涵养也是有限的，他不允许一个人在自己的政治行程中成为对抗者，因而他杀了孔融。说曹操是为了报复，说曹操打压名士，说曹操是为了清理对手，无论怎么说，曹操都不在乎。

曹操不仅杀了孔融，还杀了杨修，特别是还杀了他一直很敬重的崔琰。在曹操任丞相时，崔琰为丞相西曹掾，毛玠为丞相东曹掾，负责官员的选拔和任用事务，应当说这是非常重要的工作，而且崔琰做得很有成就。崔琰举荐过杨训，在曹操做魏王

后，杨训上表歌颂曹操的丰功伟业，为此受到一些人的非议，从而波及崔琰，批评他举人不当。崔琰看了杨训的表文底稿，然后给杨训写一封短信，信中说："时乎时乎，会当有变时。"这句话的本意应当是，随着时间的推移，大家对你的看法是会有变化的。但这句话却引起曹操的严重怀疑，甚至勃然大怒——"会当有变时"，是对我的统治不满，希望有变化吗？这样一猜想，事情就严重了。曹操多疑的性格这时表现得特别突出，他马上令崔琰去服劳役，还派人去看他，见崔琰神色不变，于是曹操下《赐死崔琰令》，逼崔琰自杀。崔琰死得就是这样的不明不白。

毛玠对崔琰的死深为不满，认为崔琰无罪，曹操一气之下逮捕了毛玠，加以审讯，甚至要杀他，因为有人营救，毛玠才被免职处理。曹操这次的歇斯底里，显示了他在政治上不允许别人说三道四，宁肯错杀、误杀，也绝不放过一个。

荀彧以他高瞻远瞩的谋略为曹操的统一大业建立过丰功伟绩，也是曹操谋士群中最为闪亮、起的作用最大的人物。建安八年（203），曹操累计荀彧的前后功劳，上表封荀彧为万岁亭侯，说明曹操对荀彧极为推崇和倚重。但在建安十七年（212），曹操拟称魏公，荀彧明确地表示反对，这就引起曹操的不满，于是荀彧也就难以活下去了。有的说荀彧因受曹操的压制忧郁而死，有的说荀彧服毒自杀。在这里我们可以看到，曹操为独揽权力走向另一个高位时，是不许别人反对的。不管你过去有多么大的功劳,今天不合作,今后就没有好下场。这是政治的需要,也是曹操的无情报复。

华佗是一代名医,曹操患有头风病,每次发作,心乱目眩,久治无效。曹操请华佗为他治病,华佗给他扎针,病痛就止住了。但华佗对曹操说,此病难以断根,需要长期治疗。曹操就把华佗留在身边,发病时就由华佗医治。日子久了,华佗因思念家人,对曹操谎称家中来信,有事回去一些日子,曹操同意了。但华佗回家后,逾期不归。曹操一再催促,华佗都以妻子生病为由不肯回来。曹操又怀疑又生气,派人前去察看,如果他的妻子的确生病了,就送给小豆四十斛,宽限假期。如果他说谎,就把他抓回来。结果是,曹操把华佗抓回来关进了大牢。谋士荀彧请求曹操,认为华佗医术高明,很多人靠他治病,还是赦免他吧。但曹操说:"不用担心,还怕天下没有这等无能鼠辈了吗?"最后华佗在狱中被拷打致死。华佗死后,曹操的头风病依然如故。曹操认为,华佗虽能治好他的病,但故意给他留下病根,用以抬高自己的身价,他不杀华佗,华佗也不会帮他去掉病根的。后来,曹操的一个儿子病了,曹操又后悔杀了华佗——不然他的儿子不会死的。曹操虽然有些后悔,但华佗的人头已经落地。

因此,可以看到,曹操的性格复杂多变,既有宽容的一面,也有狠毒的一面。他既爱才,唯才是举,但他也猜忌人才,杀死了一些为他立过大功的人。

　　曹操既有直率坦诚的一面，也有奸诈狡猾的一面。曹操喜欢说真话，说老实话，他既不掩饰自己，也不贬低或拔高自己，他喜欢吐露真情，剖析自己，抒写心迹。特别表现在《让县自明本志令》一文中，这篇文章虽然名为"令"，却完全摆脱了传统的体制格式，写得挥洒自如。在这里，他详细地叙述了自己的政治抱负的发展过程。他开始说："年纪很轻时，知道自己不是一个有名气的人物，可是又怕当时人看自己是一个无能、平庸的人，因此那时没有太高的奢望，就打算做一郡太守就很好了，办好地方的事，树立好名声，让人都知道我。但是，在出任济南国相（差不多等于一郡太守）时，开始积极地清除强暴和丑恶势力，公平选拔人才，这一下就得罪了权势。当时恐怕给家族带来灾祸，就借口生病，辞职回家了。"这一大段话，说的都是老实话，没有虚假语言。

　　"以后因天下大乱，被征召为都尉，又升任典军校尉，想为国家讨贼立功，作征西将军，死后在墓碑上刻上'汉故征西将军曹侯之墓'也就满足了。当董卓作乱时，我组织义兵反抗，也不想多招兵，因为我怕实力大了，与我为敌的人也越多，何况我的愿望本来就很有限。"曹操这一段话，毫不隐藏自己内心深处的真实想法。

　　接着，他又说："我任兖州牧，击败黄巾军三十万。随后我又讨伐袁术，使他走投无路，溃败而亡命。不久，又打败了比我强大的袁绍，平定了占据荆州的刘表。我现在身为丞相，地位的尊贵已达到顶点，已超越我的愿望。我说的这些话，不是自我夸耀，是为了别人了解我，所以毫不隐讳地讲出来。假如国家没有我，真不知会有多少人称帝，多少人称王。"这些话只有曹操才能坦率地讲出来，既不是为了炫耀，也没有隐讳，说的完全是真话。

接着曹操又说了一段话，"有人让我放弃统领的军队，这是不行的。为什么呢？因为我怕放弃了兵权，就会被人谋害啊！我放弃兵权，国家就要危亡。因此我不能为追求虚名而遭实祸。现在江湖还不安定，我也不能让位。至于皇帝封给我的一些土地，是可以退让的。我把两万户的封地交给国家，只享受一万户的租税"。曹操的这些想法和举措，既为自己考虑，也为国家考虑，毫不隐讳自己的真实思想，完全是实情实说。

综观曹操的这篇令文，写得明明白白，实实在在，也很自然。他勇于剖析自己，毫无掩饰地把真实的自己展示给社会人士。真实，是这篇文章的灵魂。

曹操知道，只有说真话才能取得社会的信任、谅解和支持。特别是在人人说假话的时代，最好的武器就是说实话、说真话。因为说实话，才坦荡，才理直气壮，才有雄辩的力量。

但在混乱的社会里，在激烈的斗争中，一个政治家在官场上，除讲真话外，也难免会讲一些套话和假话，当然曹操也不例

外。在特定的环境中，曹操忽而说假话忽而说真话，也不让人觉得奇怪。

官渡大战时，谋士许攸弃袁绍投奔曹操，问曹操军中粮草情况，这时曹操不能说真话，即使许攸是投奔自己来的，也不能马上交底。但是许攸不相信曹操的话，一再追问下，曹操才说了真话，现在的军粮只够用一个月。曹操并说，以前的假话，是开玩笑。许攸这才向曹操献计火烧袁绍的军粮，使得袁军一溃不能翻身。

曹操就是这样一个人，说话有时虚虚实实；真真假假，他玩的是政治。

曹操的狡诈奸滑是自小养成的，长大后非但没改，还在后来的人生中进一步发展。

据《三国志·魏书·武帝纪》注引《曹瞒传》记载，因为曹操经常用兵讨伐贼寇，仓库中的粮食已经不够用了，用粮的人问怎么办？主管粮食的人出主意，可以用小斗充数，曹操也认为这个办法好。以后军队里知道了这种情况，怪罪曹操以小斗充大斗欺骗大家。曹操为了洗刷自己，这时找来主管粮食的人，对他说："我要借用你的脑袋，以压服众人的不满，不然事情解决不了。"说完就把主管粮食的人杀了，提着他的脑袋告诉大家，是主管粮食的人用小斗充大斗，盗用军粮。曹操用别人的脑袋为自己谢罪，演一出奸诈欺人、伤天害理的戏。

《世说新语》记载的一件事也很能反映曹操奸诈的品性。曹操曾说过："如果有人要害我，我的心马上就会跳得很厉害。"为了使大家都相信这件事，他授意身边的侍从说："你怀中揣着刀悄悄地来到我身边，我必然说心跳得很厉害。我派人逮捕你，去行刑。这个安排，你千万别说是我事先安排的。你不要怕，事后我一定加倍厚赏你。"这个侍从信以为真，当侍从按照曹操说的做了，这个侍从就被曹操杀了。可是这个侍从至死也不知是怎么回事，但曹操手下人都认为这个侍从要刺杀曹操，从此以后，那些想谋杀曹操的人也就不敢妄为了。

在《三国志·魏书·武帝纪》注引《曹瞒传》中还记载，曹操有一个受他爱宠的小妾，常常伺候他睡午觉，有一次曹操要睡午觉，特别告诉宠妾说："一会儿叫醒我。"宠妾见曹操睡得很香，就没有及时地叫醒他。曹操一觉醒来后，十分恼怒，立即叫人把这个宠妾乱棍打死。其手段就是这样狠毒。

曹操这些欺诈手段玩得多么娴熟，死的人都不知为何而死！曹操为了保护自己生命的安全，设下的圈套又是多么阴险毒辣，但他能面不改色心不跳地干出来。

在战乱时期，一个政治家、军事家，面对敌人，面对混乱复杂的局面，为了保护自己，不可能没有欺骗行为，但曹操连对自己人、对为他服务的人都用欺诈手段，甚至滥杀无辜，是难以令人谅解的。

然而曹操平时的个人作风又有另外一面。他嬉笑随意，爱开

玩笑，从不拘束古板。《曹瞒传》中说曹操为人"佻易无威重"，意思是说曹操为人轻浮嬉笑而不威严庄重。他与人谈论，风趣洒脱，非常随便，其欢畅之态，毫不掩饰。甚至乐极大笑，笑弯了腰，一头扎进桌上的菜盘中，弄得帽子上满是菜汤，他也毫不在乎。

他作文章，想怎么说就怎么说，也非常随便。

前面提到过曹操给桥玄写的祭文，说起桥玄生前与他的约定，既饱含深情又风趣可爱，完全没有官样悼词的陈词滥调。

建安十六年（211）九月，曹操西征马超、韩遂时，韩遂请求与曹操相见，因早年曹操与韩遂的父亲同年为孝廉，曹操也就答应了。韩遂的士兵都知道曹操是一位能征善战的有名的大人物，都争先恐后地想看看曹操长什么样，一见面，曹操笑着对他们说："我曹操和你们一样，都是人。并没有四只眼睛两张嘴，只不过多了点智慧。"曹操说出的这几句话，很风趣，也讨人喜爱。

据《三国志·魏书·毛玠传》记载，毛玠在职掌东曹掾时，选人用人，成就显著，当然也得罪一些人。但曹操很称赞毛玠，"用人如此，使天下人自治，吾复何为哉"。建安十七年（212），进行机构改革时，有人为排挤毛玠，要求撤掉东曹掾，表面的理由是，过去以西曹掾为上，东曹掾次之，所以应撤掉东曹掾。曹操识破他们的阴谋，于是下了一个《止省东曹令》，这个令文写得很有意思，说："太阳出自东方，月亮也是东方先亮，凡是人们说方向时，总是说'东西'，也是先说东方，为什么要省去东曹?"曹操这话说得多么别出心裁，其比喻又多么有意思。于是决定撤销西曹掾，保护了毛玠。

曹操在《手书与阎行》一文中，规劝阎行脱离叛乱的韩遂，前来归附。对他说："你的父亲在我这里做人质，虽然现在没有生命危险，但是，监狱并不是你供养父亲的地方，而且官家也不能长期地替别人养老啊。"曹操的这几句话，既诙谐，又有点酸溜溜的，曹操的文笔，就是这样挥洒自如。

曹操就是这样一个人，平时很随便，待人接物谈笑风生，爱开玩笑，一下子拉近了与对方的距离，可谓嬉笑诙谐皆文章。鲁迅说曹操有本事，恐怕这也是原因之一。

但是，曹操又有另外一面。鲁迅说，曹操政治的第一个特色就是"尚刑名"，也就是严明法纪。曹操在法纪上、军纪上，令行禁止，说一不二，完全是一副冷面孔，说杀就杀，从来不迟疑。他杀大宦官蹇硕的叔父就是一个鲜明的例证。他杀孔融，也是因为孔融说三道四，乱了他的法纪。在维护法纪上，充分表现出曹操的铁腕性格和霹雳手段。至于军纪，如前文曾经说过的，即使自己在无意间触犯的军纪，比如惊马践踏了麦田，他也拔出宝剑，以割下自己一缕头发作为惩罚。曹操这样做，就是要让军士看到，即使作为一军之长的自己，违反了军纪也必须自刑。只有这样，法才有威信，才能起到震慑作用。可见曹操的作风，既有随意的一面，又有威严的一面。

　　曹操的日常生活作风简朴，据《三国志·魏书·武帝纪》注引《魏书》记载，曹操雅性节俭，不好华丽。帷帐屏风，坏的地方补一补，还继续用。被褥能取暖就可以了，无需在周边加以装饰。曹操在《内诫令》中特别说，我的衣被都已使用十年了，年年把它拆洗缝补一下就可以了。他也不喜欢装饰美丽的箱子，乱世没有皮箱，就做方形竹箱，用黑布做套，粗布做里，这就是曹操平时所用的箱子。他在《内诫令》中还规定，穿丝织的鞋子不得用朱红、紫、金黄几种颜色，因为这三种颜色在古代表示尊贵。曹操把在江陵得到的各种花色的丝鞋，分给了家人，但和他们约定，穿完这些鞋子，不准再仿做。曹操也不喜欢在家里薰香。他要求家人，衣不穿锦绣，曹植的一个妻子因为身穿锦绣而被曹操赐死。当然这样做也太过分了。

　　曹操的女儿嫁给献帝，这当然是一件大事，但曹操对嫁娶时奢侈的风气十分不满，因此在他女儿出嫁时，坚持俭朴作风，用的帷帐都是黑色的，随从的婢女也不过十人。

　　曹操反对厚葬，提倡薄葬，主张墓地选址居于薄瘠之地。他还为自己准备好送终的衣服，一共四箱，春夏秋冬各一箱。还吩咐家人，在自己临终时穿上当时季节的衣服，入葬时，不堆土、不植树，不用金玉珠宝等贵重物品陪葬。

　　曹操从不贪恋财物，不聚积私产，他在战争中缴获的大量财物，从不私自享用，全部用于赏赐有功的将士。四方送来的贡品，全部分与部下。

曹操所以厉行节俭，从客观方面说，当时战乱频仍，生产遭到严重破坏，物资匮乏，为了保证军用和人民最低生活水平的需要，必须节俭。从治国理政考虑，必须树立节俭的风气和意识，历史的教训，由俭入奢易，由奢入俭难。曹操在《度关山》一诗中说："舜漆食器，畔者十国。不及唐尧，采椽不斫。世叹伯夷，欲以厉俗。侈恶之大，俭为共德。"这诗的大意是，舜漆食器，追求奢侈，诸侯有十国叛离。不如唐尧，木椽不雕饰，崇尚节俭。世人赞美伯夷，因为提倡节俭风俗。奢侈是最大的罪过，节俭是共同的美德。从曹操这几句诗中，我们可以领悟到，曹操把节俭作为立国之本，显示曹操的远见卓识，同时曹操也带头改变东汉以来奢侈浪费的坏风气。正是在曹操的倡导和带动下，社会逐渐形成了俭朴节约的好风气。

但是，也应看到曹操作为封建时代的政治家，他的个人欲望是不受控制的。他在官渡之战胜利后，他又消灭了袁尚、袁熙兄弟，奠定了统一北方的局面。为彰显其丰功伟业，曹操于建安十五年（210）冬修建铜雀台，规模之大，耗资之巨，也是令人震惊的。

曹操的个人成就是多方面的，他的爱好也比较广泛。曹操喜欢读书，据《三国志·魏书·武帝纪》注引王沈的《魏书》说曹操"御军三十余年，手不舍书，昼则讲武策，夜则思经传"。同

书注引孙盛《异同杂语》也说曹操"博览群书，特好兵法"，该书又说"太祖注孙武十三篇，传于世"。杜牧说，"孙武的兵书数十万言，曹操删其繁，留其精华，遂成曹操的书"。

曹操喜好诗文，登高必赋，咏诗新作，配以管弦，皆成乐章。曹操爱好音乐，对艺人的动听歌唱，常常夜以继日地欣赏。曹操也喜欢郊外游猎，而且弓法绝人，手射飞鸟，或者拉弓射击猛兽，都十拿九准。曾在南皮仅一天就射杀野鸡六十三只。

据《三国志·魏书·武帝纪》注引张华《博物志》记载，汉世，安平的崔瑗和他的儿子崔寔，弘农的张芝和他的弟弟张昶，都是善写草书的大家，而曹操的草书只比他们稍逊一筹。说明曹操的草书也有相当高的水平。

当时的山子道、王九真、郭凯等人都是下围棋的高手，曹操与他们对弈，不分上下。说明曹操也是下围棋的高手。

曹操对养生法也有兴趣，也了解方药，与方术之士常有来往。

曹操甚至对建筑工艺、器械制造也有研究，探寻其建造原理，研究其制造方法。

曹操可能还是一位美食家，他写了一部著作，名曰《四时食制》，现在看到的是其中一部分，讲的完全是鱼，鱼的产地、形状及吃法，可能曹操喜欢吃鱼，不然他不会对鱼这样感兴趣。

曹操的喜好是多方面的，说明他的才智延伸的范围很广，是一位多才多艺多能、脑细胞特别活跃的令人钦佩和敬仰的人物。

曹操的妻妾子女

在封建社会，婚姻中虽然允许一夫多妻，但曹操的妻妾也着实多了点儿。曹操爱女色，对美女尽情网罗，他的有据可查的有姓氏的妻妾就有十五人，可谓妻妾成群。在《三国志·魏书·武文世王公传》中记载，其中有妻妾十三人为其生子二十五人。卞皇后生曹丕、曹彰、曹植、曹熊；刘夫人生曹昂、曹铄；环夫人生曹冲、曹据、曹宇；杜夫人生曹林、曹衮；秦夫人生曹玹、曹峻；尹夫人生曹矩；陈姬生曹干；孙姬生曹上、曹彪、曹勤；李姬生曹乘、曹整、曹京；周姬生曹均；刘姬生曹棘；宋姬生曹徽；赵姬生曹茂。由此可见，曹操的家庭是多么庞大了。

但其中，只有丁夫人和卞后有生平事迹，其他妻妾在历史上均无生平记载。

　　丁夫人的事迹记载于《三国志·魏书·后妃传》注引《魏略》中。丁夫人是曹操的结发妻子，但一直没有生育。刘夫人为曹操生下第一个男孩，叫曹昂。但刘夫人过早去世，曹昂便由丁夫人抚养，天长日久，母子建立了深厚的感情。

　　曹昂长大以后，有一次随曹操讨伐张绣，因曹操演的一出风流戏，被张绣突然袭击，曹昂不幸被杀。丁夫人对曹昂的死，可谓撕心裂肺，痛不欲生，因此对曹操的怨恨也就达到顶点，指着曹操说："我的儿子被杀了，你现在一点悔恨和思念的心也没有。"自此丁夫人大哭大闹，终日不得消停。

　　曹操对丁夫人没完没了的大哭大闹实在难以忍受，怒火终于爆发了，一气之下把丁夫人送回娘家，想等她消消气再说。隔些日子，曹操估计丁夫人的怒气可能消得差不多了，怀着夫妻可能修好的心情来到丁夫人的娘家。

　　这时丁夫人正在织布，有人告知，曹公来了。丁夫人既未出来迎接，也不为所动，仍然照常织布。

　　曹操虽然觉得不太正常，但还是来到丁夫人面前，丁夫人头也没抬，旁若无人地仍然织布。曹操虽然感到冷冰冰的，但仍然抬起一只手，温情地搭在丁夫人的肩背上，满面微笑地对丁夫人说："我请求你，和我一起回去吧。"但丁夫人对曹操送来的温情、诚挚的请求，听在耳里，死在心里，一点回应也没有。

　　曹操虽然碰了软钉子，但不灰心。在室内徘徊良久，默默沉思，最后走出室外，回过头来立于门前，又向丁夫人说了一句："难道夫妻不能修好吗？"

丁夫人回答曹操的仍然是不吭一声。曹操这时已感到他和丁夫人的夫妻关系已经没有希望了，真正断绝了。

曹操回府后，心情低落。失去丁夫人，虽然不会感到枕边的寂寞，但心里总是内疚和不安，想着如何补偿。曹操派人告知丁夫人家中，丁夫人可以另嫁他人。曹操对丁夫人将来生活的安排，还是比较理智的。但丁夫人的娘家不肯这样做，也不敢这样做。

几年以后，当曹操得知丁夫人去世的消息，又动了感情，把丁夫人的遗体葬于许城之南。曹操对丁夫人始终难以抹去内疚之痛，以后曹操卧病在床，自言自语地叹息道："假如死后有魂，儿子曹昂问我，母亲何在。我将如何回答？"这是曹操自我的良心谴责，可见他仍然怀念着丁夫人。

丁夫人离开曹操以后，卞氏便在曹操的妻妾中居于首要的位置。

据《三国志·魏书·后妃传》记载，卞氏，琅邪郡开阳县（今山东临沂北）人。本来是歌舞艺人，在芳龄二十之年，被曹操看中，纳为妾。跟随曹操到洛阳，当时正赶上董卓作乱，曹操穿一身便装逃出洛阳避难，卞氏仍然留在洛阳。不久袁术传出一个消息，说曹操已经遇难。这时在洛阳的曹操手下的一些人，人心涣散，都想回家。但卞氏非常冷静，阻止他们说："曹君的吉凶尚没有可靠

的消息，今天你们就回家，明天若曹君还在，有何面目相见！即使有大祸到来，我们大家共同去死又有什么可怕的。"卞氏冷静、坚定的态度，感动了大家，都听从卞氏的话，不想散伙了。

后来曹操知道这件事，非常赞赏卞氏的胆量和见识。

建安初年，丁夫人被废后，曹操便以卞氏为继室，先后生下曹丕、曹彰、曹植和曹熊四个儿子。曹操的其他孩子，有的因母亲早亡，也由卞氏抚养。曹操曾夸卞氏"有母仪之德"，意思是，卞氏是做母亲的典范，有母亲的高尚品德。

建安二十二年（217），当曹丕被立为太子时，左右都向卞氏祝贺：曹丕将军被立为太子，天下人都欢喜，夫人应当把府中所藏的好东西赏赐给大家。卞氏回答说："因为曹丕是魏王的长子，所以被立为太子，我只是庆幸对孩子的教导没有出现过错，又有什么理由要为此赏赐大家呢？"有人把卞氏的话告知曹操，曹操赞赏卞氏说："怒不形于色，喜时有节制，能做到这样是很难的。"

建安二十四年（219），曹操册封卞氏为王后。曹操在《策立卞后》一文中说："夫人卞氏，抚养诸子，有母仪之德。今进位王后，太子诸侯陪位群卿上寿，减国内死罪一等。"

卞后为人宽厚，处事大度。最初，丁夫人对待卞氏并不好，以后丁夫人被废，卞氏继室，卞后不念旧日的不好，在曹操外出时，经常给丁夫人送去一些东西。丁夫人来时，请丁夫人上坐，自己仍然下坐。迎来送去，有如昔日，丁夫人非常受感动。卞后还说服曹操，按礼归葬丁夫人。卞后这一系列表现，说明她具有王后的风度。

卞后日常作风朴实无华，喜节俭，不好奢侈。她的衣物，没有锦绣；她的摆设，没有珠玉；她使用的器物，不加雕饰，保持原色。当国家有困难时候，卞后主动降低饮食标准，不再用金银器物。卞后每见亲戚朋友，经常告诫他们，居家度日要节俭。卞后说："有人怪我对你们太刻薄，这是因为我经常就是这样过日子。过节俭的日子很久了，不能再由俭入奢。"卞后的左右侍从，吃饭吃菜无鱼肉，也十分节俭。

卞后遇事善于掌握分寸，从不贪心，也不过分。有一次，曹操得到名珰（即妇女戴在耳垂上的装饰品）数具，曹操让卞后先挑选一具，卞后挑选了一个中等的，曹操问为什么这样，卞后回答说："挑选上等的是贪心，挑选下等的是虚伪，所以我选中等的。"卞后回答得非常实在，这也正是她朴实人格的写照，曹操非常满意。

曹操去世后，曹丕继魏王位，尊卞后为太后。太后识大体，遵国法。曹植是太后非常喜爱的儿子，有一次曹植犯了法，被有关部门上奏文帝曹丕，文帝就令卞太后弟弟的儿子卞兰告知太后，太后说："想不到这个孩子竟干出这等事，你回去对皇帝说，不可以因为他是我的儿子而坏了国家的律法。"

卞太后就是这样一个人，知情达理，一身正气。她的人格修

养，实在令人敬佩。

曹操儿女众多，特别引起曹操重视的就是曹丕、曹彰、曹植和曹冲四人。

曹丕为卞氏所生。曹丕小的时候受到父亲的严格培养，五六岁就学习骑马射箭。八岁时能够写一般文章，阅读古今经传诸子百家的书，从小就打下很好的文学基础。青年时期，曹丕随父亲出征，体验军旅生活。建安十六年（211），曹丕二十五岁，曹操委任他为五官中郎将，为丞相之副。曹操把曹丕放在自己副手的位置，这对曹丕的人生道路是非常重要的。曹丕利用这一政治优势，与曹植争夺太子，占有非常有利的地位，同时他也笼络一些文人，成为文人集团的领导人物。他自己也创作一些诗文，他写的七言诗《燕歌行》很有名气。他作的《典论》一文，在中国文学批评史上占有重要地位。建安二十二年（217）曹丕被立为太子。建安二十五年（220）曹操去世，曹丕继承魏王爵位。当年十月，迫汉献帝让位，自立为皇帝，国号魏，将都城由许昌迁到洛阳。在位六年，他的政绩远不如乃父曹操。

曹彰，也是卞氏所生，是曹丕的弟弟。少年时善于骑马射箭，而且膂力过人。即使与猛兽格斗，也不避风险。多次随从曹操征伐，意志坚强，奋不顾身，但是，就不喜欢读书，为此曹操劝告他："你不念书，如何知道圣贤之道？你只好骑马击剑，此乃一夫之勇，何足贵也。"曹操培养后代，既要喜武，也要喜文，二者不能偏废。有一次，曹操问诸子的个人喜好，叫他们各言其志。曹彰说，"我要做将军。"曹操问，"如何做将军？"曹彰答："做将军要披坚执锐，临难不顾，为士卒先。赏必行，罚必信。"曹操听了哈哈大笑。建安二十一年（216），封曹彰为鄢陵侯。建安二十三年（218）代郡乌桓反，曹操令曹彰为北中郎将，代理骁骑将军。曹彰率领军队向北出征，马不停蹄，昼夜追击敌人，于是双方展开激战，曹彰十分勇猛，斩杀和俘虏敌军一千多人，大获全胜。北方得以安定下来。曹操东归，以曹彰为代理越骑将军，驻守长安。曹操到洛阳，得了重病，要召见曹彰，曹彰未及到洛阳，曹操就去世了。

曹丕做皇帝以后，令曹彰回到封国，曹彰很不满。黄初四年（223），曹彰去京都时，暴病而死。另据《三国志·魏书·曹彰传》注引《魏氏春秋》说，最初，曹彰在曹操死后，曾问及魏王印玺的事，曹丕认为曹彰有政治野心，因此在曹彰朝见时，曹丕故意怠慢他，曹彰愤怒暴死。但《世说新语·尤悔》说曹彰是被曹丕毒死的。可见曹彰的死有些不明不白。

曹植，字子建，也是卞后所生。曹植在诸兄弟中最有才华，特别是他长于文学。南朝宋文学家谢灵运曾赞誉他说："天下才有一石，曹子建独占八斗，我得一斗，天下共分一斗。"当然这句话对曹植也有些过誉。曹植也有政治抱负，因此曹操很看重他，也曾想立他为太子。但因他任性而为，饮酒不节，多次犯错误，失去曹操对他的信任，在与曹丕争夺太子继承权时终于失败

了，这一失败影响了他的后半生。

曹丕即皇帝位后，曹植的日子就不好过了，曹丕首先把曹植的亲信丁仪和丁廙杀了，以绝后患。曹植原来封为临淄侯，曹丕即位后，去其封国，以后，一贬再贬，改封鄄城侯，后又改封雍丘王。曹丕忌其才高，影响大，杀曹植之心时而有之。

这里涉及在民间广为流传的曹植的《七步诗》，在《世说新语·文学》中，记载魏文帝曹丕曾经限令弟弟东阿王曹植在走七步的时间内作一首诗，假如作不成，就要杀掉他。曹植随声便作了一首："煮豆持作羹，漉菽以为汁。萁在釜下燃，豆在釜中泣。本自同根生，相煎何太急？"魏文帝听了深感羞愧。

这是一首五言六句诗，以后演变成五言四句诗。对这首《七步诗》的真伪问题，学术界有很大分歧。有的专家经过考证，认为《七步诗》是可信的。有的专家认为此诗疑点较多，不可信。有的专家认为此诗比喻得体，有乐府之风，很可能是曹植的手笔，但其创作时的场面，可能是后人虚构的。这些分歧，至今未有定论。以后，近人黄节编的《曹子建诗注》，《七步诗》赫然在刊。余冠英编的《三曹诗选》也把《七步诗》收入其中，但注明此诗不太可信。看起来，关于《七步诗》的真伪问题，专家们各有各的看法。但是有两点是值得注意的，第一，曹植当时的处境能够让他产生那样的真情实感，因此才能作出那样特殊的感人的诗句；第二，曹植有很高水平的文学才华，才能写出那样动人的悲情诗。没有这两个因素，其他人很难伪作。至于曹植是在什么环境下作成这首诗的，《世说新语》是一种说法，但是难辨真伪。在《三国演义》第七十九回"兄逼弟曹植赋诗"中，曹丕说："昔先君在日，汝常以文章夸示于人，吾深疑汝必用他人代笔。吾今限汝行七步吟诗一首。若果能，则免一死；若不能，则从重治罪，决不宽恕。"这种说法，也是罗贯中编出来的，是否真实，于史无据。但是可以确认，只有感人的心灵，才能创造出感人的伟大作品，作品感动人心的力量，恰恰来自于真情实感和才华的驱动。

曹植在政治上、地位上、生活上不断遭受打击，只是由于母亲卞太后保护，曹丕才不敢对曹植下毒手。再加上曹植软下身段，也构不成对曹丕实质性的威胁。因此曹植在曹丕残酷的统治下艰难地生活了六年。曹丕死后，其子曹叡即位，是为明帝。曹植日子仍然不好过，用他自己的话来形容，已成为"圈牢之养物"。曹植多次上书明帝，请求给他从政的机会，但曹叡对他仍然有警惕，驳回了他的请求。太和六年（232），一代英才曹植在抑郁中死去，终年四十一岁。

曹植一生最大的成就在文学。曹操在世时，曹植的生活是优裕的，心情是愉快的、开朗的，但在政治生活上仍有不得志的遗憾。这个时期他的文学代表作有《名都篇》，暴露和讽刺洛阳的贵族子弟虚度年华的奢逸生活。《白马篇》则歌颂战斗在边疆，勇于杀敌，为国捐躯的英雄事迹。曹植很关心农民的疾苦，他在

《赠丁仪》一诗中写道："朝云不归山，霖雨成川泽。黍稷委畴陇，农夫安所获。"对大雨所造成的农田灾害深表忧虑，担心农民的辛苦劳动将颗粒无收，将来的日子该如何过！

曹植后期的作品，由于政治地位发生变化，生活体验反而更丰富了，此时他的诗歌的风格是沉郁的、悲愤的、凄婉的。他的名作《赠白马王彪》，全诗七章，叙述与白马王曹彪生离死别的悲伤情形。他痛感在曹丕的无情统治下，前途茫茫，他不知道哪一天会有与曹彪一样的下场。"鸱枭鸣衡轭，豺狼当路衢。苍蝇间白黑，谗巧令亲疏。"毫无掩饰地表达他对朝廷的无比愤怒。《美女篇》，用不少诗句形容一个美女，但这个美女盛年不嫁，可能用以比喻志士的怀才不遇。《七哀》诗则描写一个被遗弃的妇女独居的痛苦，生活的哀怨，可能有自比之意。这些的苦闷而复杂的感情，构成他诗里的哀怨情调。

曹植的诗作，在艺术上善于用比兴手法，语言精练而词采华茂，对五言诗的发展影响较大。曹植也善于写散文和赋，最有名的就是《洛神赋》。《洛神赋》以浪漫主义的手法描写了一个人神之间的恋爱故事，最终因人神殊道含恨分离，故事有着强烈的抒情气息。

曹冲为环夫人所生，从小智力就很发达，在《三国志·魏书·曹冲传》中，说他"智意所及，有若成人之智"。曹操也在群臣中称赞过他的才智，有意培养这个好苗子。但曹冲不幸在十三岁时生病死了，曹操悲痛异常。

曹操的其他儿子，有点作为的还有曹昂、曹衮和曹彪，其他人就无声无息了。

曹操的女儿到底有多少，史无记载。由于封建观念，除为后妃、烈女立传外，其他女性很少立传。曹操的女儿可考的有曹献、曹节、曹华及安阳公主、金乡公主、清河公主和高城公主。

建安十八年（213），曹操受封魏公后，将曹献、曹节、曹华三个女儿献给献帝为夫人。次年二月，献帝封三个夫人为贵人。建安二十年（215），献帝立曹节为皇后。

曹操的另一个女儿安阳公主，嫁给曹操最重要的谋士荀彧的儿子荀恽。荀彧死后，荀恽继承父爵，官至虎贲中郎将。

金乡公主嫁给曹操养子何晏，曹操对何晏十分宠爱。何晏有学识，著有《道德论》《论语集解》。

清河公主嫁给夏侯楙，夏侯楙年轻时与曹丕交好，曹丕即位后，任命他为安西将军，持节都督关中。

曹操最后一个女儿高城公主，曹操死时，年岁还小。

曹操的家庭是个大家庭，妻妾成群，儿女众多。其家庭地位虽然无比尊贵，但曹操坚持勤俭朴素的家风，对子女的教育极为重视。特别是几个儿子，各有成就，但不及他本人经天纬地的才智和事业。以后他的儿子曹丕，取代汉献帝做了皇帝，是为魏文帝，追曹操为魏武帝。

千秋的功过是非

　　建安二十五年（220），征战一生的曹操已经是六十六岁的老人了，身体虚弱，一病不起，他感到自己的生命很难再延续下去，因此在临终前留下遗嘱，断断续续地写下一篇《遗令》，在《遗令》中交代一些事情，详细而又具体。他告诫军中："我在军中依法办事，总的说是对的，至于发的小脾气，犯的大过失，不应当效法。驻防各地的将士都不要离开驻地。"他还告诫家人，不要遵循古代的丧葬制度，文武百官前来殿中吊唁，哭十五声就得了。他还要求，入殓时穿当时季节所穿的衣服，埋葬在邺城西面的山岗上，不要金银珍宝陪葬。

　　他还交代，婢妾和歌舞艺人平时都很勤劳，要求把她们安置在铜雀台，好好地对待她们。

他又想到将来的祭祀问题，他要求在铜雀台的正堂上安放一张六尺长的床，床上挂上灵幔，每天上午和下午都供上肉干等祭物。每月初一和十五，从早晨到中午，在灵帐前举行歌舞。他要求家人要时时登上铜雀台，遥望他的西陵墓地。他遗下的薰香可分给各位夫人，不要用于祭祀。各房的人没事做，可以学着编制丝带和草鞋卖。他历次做官所得的绶带，都放在柜里，遗留下的衣物、皮衣，可放在另一个柜里，如果不留的话，儿子们可分掉。

曹操留下的这个《遗令》，从活人谈到死物，从军中谈到官吏再到家人，可谓细致入微，儿女情长，絮絮叨叨，婆婆妈妈。有人认为这个《遗令》写得琐琐碎碎，一点儿英雄气概也没有。但曹操并不这么想，自己戎马一生，建功立业，自有后人评说，不必在这里表白。曹操既是英雄，也是普通人，他在《遗令》中的表白，正是反映他是普通人的一面，反映他在永别前的真情实感。

曹操将遗嘱写得这样的坦率和别致，而且富有强烈的生活气息，在古今帝王将相中，除曹操外恐怕再无别人。

建安二十五年（220）正月二十三日，曹操病死于洛阳，终年六十六岁。谏议大夫贾逵、军司马司马懿等人主持丧事。这时曹丕正在邺城，原来曹操要召见的驻守长安的曹彰，在他临终前也没有赶到。有的官员担心发生变乱，主张秘不发丧，但贾逵不

同意，要按照曹操的《遗令》办事，于二月二十一日葬于高陵。

曹操在人民群众中几乎是家喻户晓的历史人物，同时也是一个颇有争议的人物，关于他的评价，在他死前就是毁誉参半，他死后仍然有人说他好，也有人说他坏。他的丰富而又复杂的人生经历，他的奋斗一生的统一事业，他的多彩而又矛盾的性格，他的敢作敢为的作风，在他死后引起各朝各代的文人墨客经久不衰的关注和热议。

曹操戎马一生，对他的事业，《三国志》作者陈寿有一个评语：

　　汉末，天下大乱，雄豪并起，而袁绍虎眎四州，强盛莫敌。太祖运筹演谋，鞭挞宇内，揽申、商之法术，该韩、白之奇策，官方授材，各因其器，矫情任算，不念旧恶，终能总御皇机，克成洪业者，惟其明略最优也。抑可谓非常之人，超世之杰也。

把以上译成白话：

汉末天下大乱，英雄豪杰同时起兵，而袁绍虎据四州，强盛无敌。太祖运用谋略，巧施奇策，以武力征伐天下，采用申不害、商鞅法术，兼用韩信、白起的奇策，官方授职，各因其才。与众不同，讲求策略，不念旧恶，终于总揽朝廷大权，完成宏伟大业，这是因为具有最优异的谋略。因此他可谓是一位非常的人物，超世的豪杰。

在这里，陈寿首先肯定了曹操以自己的军事实力打败了大小军阀的割据势力，实现了北方的统一。自从董卓进入洛阳后，干尽了坏事，曹操一直反对他，首举义旗，要消灭他。董卓被杀后，形成各路军阀的大混战。连年的战争，使当地的人民遭受极大的痛苦，不少人被屠杀，大批百姓颠沛流离，到处是饥饿、疾病和暴行，折磨得百姓苦不堪言。因而出现"白骨露于野，千里无鸡鸣，百村无人烟"的悲惨景象。假如没有心怀统一大志的曹操，雄心扫灭群丑，如何能使北方广大地区的人民过上太平日子？就这一点，曹操的功绩就是了不起的。正如他自己在《让县自明本志令》中说的"设使国家无有孤，不知当几人称帝，几人称王"。曹操这样说是有道理的。正是有了曹操，才避免了这种不幸，使人民免于重蹈水火之中，因此曹操是有大功于人民的，有大功于统一大业的。

曹操的功绩还在于平定乌桓。乌桓趁天下战乱，攻破幽州，掳掠汉人共十余万户，边塞之害是很明显的。而且乌桓又与袁绍相勾结，因此在官渡大战袁绍失败后，他的两个儿子袁尚、袁熙兄弟逃往乌桓，企图勾结乌桓东山再起，对抗曹操，祸乱天下。曹操为了消灭袁绍的残余势力，决定北征乌桓，一战而成功，彻底清除了袁绍的残余势力及北部乌桓，解除了边患，使边塞百姓

过上了和平、安定的生活。这是曹操在统一的过程中又一个重要贡献。

曹操为政比较清明。虽"挟天子以令诸侯",但在他的统治下,比汉末的政治清明多了,也有效多了。他一出世做官,就打击了以大宦官为首的豪强集团,以后又消灭了一些与他对立的军阀集团,最后消灭了袁绍的豪强集团。他的锄豪强、抑兼并,有利于农民的利益。曹操特别重视人才,他打破了使用人才的陈规定律,凡有治国用兵之术者,一律起用,因此强化了他的统治力量。他用法公平严厉,勋劳宜赏,不舍千金;无功望施,分毫不与。他治国理政既有谋略也有成效,使人民过上了太平生活。

曹操实行屯田制,发展农业经济。东汉末年,由于军阀混战,土地荒废,农民大量逃亡,农业生产遭受极大的破坏,因而民无食、军无粮。曹操为解决这一严重问题,于建安元年(196),也就是迎献帝到许都之后,决定兴办屯田。结果当年就获得大丰收,得谷百万斛。曹操继续推广屯田制度,并改善管理,兴修水利。五年中,生产得到很大发展,仓库里的粮食积满仓,既解决了军粮问题,也使农民得到很大好处。曹操的屯田政策,对发展当时的农业经济是成功的。

曹操的功绩超过三国时期任何一个人,即使被人称颂的诸葛亮也不能和他相比。他是三国时期的杰出人物,但这位杰出人物又有很大的过失和杀人的罪过。

　　曹操镇压了黄巾农民起义军。在东汉末年，曹操是镇压黄巾农民军的最主要的人物，其他人也镇压过黄巾军，如刘备、袁绍、袁术，还有孙坚等人，但曹操是首恶，他对黄巾起义军穷追不舍，黄巾起义军走投无路，最后投降了，他收编黄巾军降卒三十余万人。从此，黄巾起义军便瓦解了，而曹操的势力也壮大了，所以说曹操是靠消灭黄巾军起家的，是千真万确的。

　　曹操戎马一生，为追求统一，打过很多仗，在战争中死人是不可避免的，但他在讨伐陶谦的战争中，为报私仇，竟屠杀万余人。在官渡之战中，坑杀袁绍士兵七八万人。曹操这种令人发指的屠杀是不可谅解的罪行。

　　曹操生性多疑，奸诈而暴戾，善于设计杀人。即使为他立下大功的谋士荀彧，因反对他称魏王，也不惜将其逼死。他杀死为他治病的名医华佗，更是毫无情理。这些因多疑和暴戾而犯下的罪过成为后人骂他的重要的原因之一。

　　但我们应当全面地观察曹操，曹操的品格有暴戾、奸诈的一面，但也有宽大、容忍的一面。更重要的是，他有大功于天下，不能因其罪过而抹杀他的巨大功绩，当然也不能因其有巨大功绩而抹杀他的罪过。曹操仍然是三国时代杰出的英雄人物，他的功绩远大于他的罪过。曹操是历史人物，他的功过既受到时代的影响，也是他个人品格的映射。历史的发展是复杂的，对一个历史人物的认识，有时会有曲折的过程。对曹操的品论，也是这样

的。他在世时，就毁誉参半；他死后，历代文人政客更是各取所需，喜欢他的，对他有正面的评论；不喜欢他的，就多负面的谴责。但随着时代的发展，人们对历史的认知也更有深度和广度，对一个有重大影响的历史人物，也以更加科学、全面的视角去观察和评价，对待曹操当然也是这样。经过当代史学家深入的科学的研究，虽然也有不同的看法，但对曹操的评价总体上是正面的：曹操在当时社会中所起的进步作用远大于其负面作用，曹操是三国时期当之无愧的杰出的政治家、军事家和文学家。

主要参考书目

［1］［晋］陈寿.三国志［M］.北京：中华书局，1982.

［2］卢弼.三国志集解［M］.北京：中华书局，1982.

［3］［南朝宋］范晔.后汉书［M］.北京：中华书局，1982.

［4］［北宋］司马光.资治通鉴［M］.北京：中华书局，1956.

［5］［明］罗贯中.三国演义［M］.北京：人民文学出版社，1957.

［6］［南朝宋］刘义庆.世说新语［M］.上海：上海古籍出版社，1962.

［7］［三国］曹操.曹操集［M］.北京：中华书局，2018.

［8］安徽亳县曹操集译注小组.曹操集译注［M］.北京：中华书局，1979.

［9］范文澜.中国通史简编［M］.北京：人民出版社，1965.

［10］曹操论集［C］.北京：生活·读书·新知三联书店，1962.

［11］张作耀.曹操传［M］.北京：人民出版社，2015.

［12］吕思勉.三国史话［M］.北京：中华书局，2018.